www.tredition.de

AF204203

Wolfram Riedel

Der Zauber der Zündschlüssel

Rückblicke eines Motorjournalisten

www.tredition.de

Verlag: tredition GmbH, Hamburg

ISBN
Paperback: 978-3-7345-1213-1
Hardcover: 978-3-7345-1214-8

Printed in Germany

„Sie sind Motorjournalist? Da können Sie ja immer die neuesten Autos und Motorräder fahren. Wie schön!" Solche Vorstellung ist nicht falsch, aber einseitig. Weil das Journalistische zu kurz kommt. Engagement für die begeisternde individuelle Mobilität verlangt zuerst und vor allem immer wieder argumentativen Einsatz an der Textfront. Das fällt umso leichter, je mehr der Beruf zur Berufung wird. Auf der eingeschlagenen Laufbahn kann es Enttäuschungen geben. Der Autor machte auch da persönliche Erfahrungen. Erst in der DDR, dann in der Bundesrepublik.

Vorwort

Kinder wissen das: Da geht der oder die Kleine noch nicht mal zur Schule, und schon fragen Eltern, Onkel, Tanten, auch wildfremde Menschen: „Na, was willst du denn später mal werden?" – Solcher Neugier bin ich nicht begegnet. Für meine Eltern – beide Lehrer – schien der Berufsweg ihrer drei Kinder ohnehin klar zu sein. Vermutlich gingen sie davon aus, dass sich in den Erbanlagen auch pädagogische Leidenschaft einnistet. Fehleinschätzung! Keiner von uns drei Brüdern trat später vor eine Schulklasse.

Wie es dazu kam, dass sich bei mir auf dem Wege zum Abitur die Vorstellung breitmachte, Motorjournalist zu werden? Ausgerechnet in der DDR! Und das zu einer Zeit, als in Zwickau noch nicht einmal der Trabant gebaut wurde. Produktionsstart war erst Ende 1957. Verführt zu meiner beruflichen Orientierung wurde ich offenbar durch ein Hobby. In meinen Oberschuljahren, Anfang der Fünfziger, interessierte ich mich für die noch junge, 1953 gegründete DDR-Zeitschrift „Der Deutsche Straßenverkehr". Die individuelle Mobilität per Auto oder Motorrad, mit der sich diese Zeitschrift befasste, hatte für mich etwas Faszinierendes. Ohne längere organisatorische Vorbereitungen jederzeit fahren zu können, wohin man wollte, sah ich als ein Geschenk an. Und so empfinde ich noch heute.

Immer dann, wenn ich damals ein Exemplar jener Monatszeitschrift in die Finger bekam, archivierte ich im Anschluss an die Lektüre den einen oder anderen Beitrag oder auch Abbildungen von besonders interessanten Kraftfahrzeugen samt ihrer technischen Daten. Alles Ausgeschnittene landete in simplen Kästchen aus Pappe. Gedanken darüber, wozu der Aufwand einmal nützlich sein könnte, machte ich mir eigentlich nicht. Warum auch. Schließlich widmen sich andere mit ähnlicher Hingabe Briefmarken, ohne daran zu denken, sie etwa irgendwann mal auf einen Brief oder eine Karte zu kleben.

Startschwierigkeiten

Immer mehr fixierten sich meine Gedanken darauf, später einmal in der Redaktion einer Autozeitschrift zu arbeiten. Aus meiner Sicht – einer ziemlich naiven, wie sich bald herausstellte – würde es mit dem Abitur in der Tasche sicher möglich sein, Journalistik zu studieren. Die Idee, dass die nützlichere Weichenstellung zunächst ein Redaktionspraktikum sein würde, kam mir nicht. Es fehlte an lenkender Berufsberatung. Musste es deshalb schiefgehen? Es schien so. Andere bekamen einen Studienplatz, ich ging leer aus. Studium abgelehnt! Ein Jahr später könne ich mich ja erneut bewerben.

Die Flinte werfe man nicht gleich ins Korn, war die Reaktion meiner resoluten Mutter. Und weil ich wirklich keine Alternative sah, klopfte ich tatsächlich ein weiteres Mal bei der Uni in Leipzig an. Ein Akt hilfloser Verzweiflung. Er bescherte eine Überraschung: Per Post kam die Aufforderung zu einer Aufnahmeprüfung in der Fakultät für Journalistik. Weil inzwischen der Lehrbetrieb an der Uni angelaufen war, hielt ich das späte Prüfungsangebot für reine Ablehnungskosmetik. Man würde mich durchrasseln lassen, war ich mir sicher.

Falsch gedacht. Ich durfte tatsächlich studieren! Was letztlich den Ausschlag gegeben hatte, meine Hartnäckigkeit oder ein eingelegtes gutes Wort von wem auch immer – eine greifbare Erklärung dazu habe ich nie gefunden. Die Schlussfolgerung, dass das Ergebnis der Eignungsprüfung versöhnlich gestimmt haben könnte, ließ mein angekratztes Selbstbewusstsein nicht zu. Letztlich aber waren das Warum und Wieso ja auch egal. Ich durfte starten und auch ins Studenteninternat einrücken. Mager fiel das Stipendium aus, aber für Unterkunft und Verpflegung war gesorgt. Für genau vier Jahre, acht Semester; das Pflichtprogramm eben. Eine Kurzkür, etwa ein Schnupperkurs für ewige Studenten, wie es sie heutzutage gibt, sah die durchgeplante sozialistische Bildungspyramide der DDR von vornherein nicht vor.

Zur Andacht ins „Rote Kloster"?

Ich weiß, heute belegen Lästerzungen die damalige Fakultät für Journalistik der Leipziger Karl-Marx-Universität gern mit dem Beinamen „Rotes Kloster". Hier sollten schließlich Journalisten mit ausgeprägtem sozialistischem Bewusstsein geformt werden. Durchaus untermauern konnte solche Zielvorgabe das Fach „Geschichte der Bolschewistischen Presse". Das Schwergewicht der Ausbildung lag dennoch, wie ich finde, auf nützlichen Seminaren, wie sie etwa ein Reiner Kunze als Wissenschaftlicher Assistent der Fakultät gestaltete. Kunze, heute geachteter deutscher Schriftsteller, vermittelte angehenden Journalisten auf ganz eigene, sehr einfühlsame Weise die Schönheit unserer deutschen Sprache.

Nach acht Semestern Studium, Staatsexamen und Diplom in der Tasche, stand ich eines Tages vor der Einsatzkommission der Fakultät, die ihre gesellschaftliche Aufgabe darin sah, Absolventen der Fakultät an „Bedarfsträger" – Verlage und Redaktionen in der DDR – zu vermitteln. In meinem Falle aber offenbarten die ideologisch ausgerichteten Verteiler „leider passen zu müssen". Weil ich „den Weg zur Partei" (gemeint war natürlich die SED) nicht gefunden hätte. Also müsse ich mich schon selbst um eine Anstellung als Journalist bemühen. Offenbar waren die Genossen überzeugt – und da lagen sie, wie sich bald herausstellte, durchaus richtig – dass mein beruflicher Zieleinlauf einige Zeit in Anspruch nehmen würde. Zum Abschied gaben sie mir eine beeindruckende Orientierung. Um meinen Lebensunterhalt zu sichern und der Mutter nicht auf der Tasche zu liegen, sollte ich praktischerweise erst einmal eine Arbeit im Braunkohlenwerk meines Heimatorts aufnehmen. In die unsichere berufliche Zukunft entließ mich die Einsatzkommission nicht, ohne ihre offensichtlichen ideologischen Verbündeten, die Kohlekumpel, nachdrücklich ins Spiel zu bringen. Ein parteiloser Absolvent könne vom unmittelbaren Kontakt mit der Arbeiterklasse nur gewinnen, meinte der Wortführer. Seine Beisitzer nickten zustimmend.

„Hau ab in den Westen!"

Ob die Genossen wirklich keinen blassen Schimmer davon hatten, wie mies es um die Stimmung und das „Klassenbewusstsein" der Braunkohlekumpel bestellt war? Als ich wenig später tatsächlich im Braunkohlenwerk meines Heimatortes als Hilfsarbeiter antrat, um nach den dürren Stipendienjahren endlich ein bisschen Geld in die Finger zu bekommen, lernte ich die vermeintlichen Klassenkämpfer näher kennen. Kaum ein Tag verging, ohne dass einer von ihnen einen deftigen politischen Witz zum Besten gab, der ihn hinter Gitter hätte bringen können. Wiederholt rieten mir meine Kohlekumpel, mich vernünftigerweise doch lieber am nächsten Tag in den Zug zu setzen und in Richtung Westberlin abzudampfen. Damals verschanzte sich Ostberlin ja noch nicht hinter einer Mauer. Die Kumpel hatten recht. Wie sollte ein frischgebackener Journalist davon profitieren, dass er die Arbeitsabläufe in einem Braunkohletagebau verinnerlichte! Aber es gab Mögliches zu bedenken. Nicht vorauszusehen war, welche Folgen meine „Republikflucht" für die beiden studierenden Brüder und die Mutter als Lehrerin gehabt hätte. Also blieb ich, wo ich war. Und hoffte einfach weiter.

Erlebt, aber auch gelernt habe ich als Hilfsarbeiter so manches. Es ging ja auch abwechslungsreich zu. Mal war ich zweiter Mann auf der „Suppenkutsche", so nannten die Kumpel die E-Lok, die ihnen das Kantinenessen brachte, mal fungierte ich am Ausleger eines Abraumbaggers als Klappenschläger. Der hatte die Aufgabe, die langsam vorrückenden Loren eines Abraumzuges zielgenau zu füllen. Lernen musste ich auch, in dunklen, vor Nässe triefenden Entwässerungsstollen aufkommende Platzangst zu bekämpfen. Nie hätte ich gedacht, dass ein Braunkohleflöz derartig viel Wasser enthält. Richtige kleine Bäche liefen zum Ausgang des Entwässerungsstollens. Schon nach der ersten Schicht spürte ich, wie ein Aufenthalt unter Tage Depressionen auslösen kann.

Bewährung im „Sackkarren-Geschwader"

Gott sei Dank riet mir eines Tages der Betriebsarzt, doch besser eine Arbeit zu suchen, die die Gesundheit weniger strapazierte. Und so landete ich auf Vermittlung des Rates des Kreises (in der DDR ein durchaus üblicher Weg bei der Vergabe von Arbeitsplätzen) beim „Großhandelskontor für Lebensmittel, Obst und Gemüse" einer Kreisstadt. Dort wurde ich bei Arbeitsantritt auf der Verladerampe als jüngstes Mitglied des „Sackkarren-Geschwaders" mit freundlichem Hallo begrüßt. Die Jungs schienen eine lustige Truppe zu sein. Kann ja nicht schaden, dachte ich. Von nun an war ich also damit beschäftigt, Lkw mit Paletten, Säcken, Stiegen und Kisten zu beladen. Die Ware – Lebensmittel, Obst und Gemüse eben – wurde an Geschäfte, Gaststätten und Bäckereien im Kreisgebiet geliefert. Eine berufsbildende Maßnahme für einen jungen Journalisten konnte ich in dieser neuen Beschäftigung auch nicht erkennen. Aber sie war wenigstens gesünder als meine Hilfsarbeiterkarriere im Braunkohlenwerk. Mit dem Arbeitsplatzwechsel setzte sich die dürftige Bezahlung, die ich als ungelernter Kohlekumpel erfuhr, leider fort.

Chefin mit nützlichem Hintergrund

Noch heute wundere ich mich, dass sich in dieser Zeit die Zuversicht nicht verflüchtigte, meine nebenher verfassten unzähligen Bewerbungsschreiben an Verlage und Redaktionen würden letztlich irgendwann von Erfolg gekrönt sein. Gewissermaßen als letzten Versuch richtete ich meine Anfragen schließlich an Werbeabteilungen von Fahrzeugwerken der DDR. Vielleicht konnten die ja mit einem Journalisten, einem Motornarren, etwas anfangen. Doch auch bei Trabant, Simson und MZ wollte man mich nicht haben. Ebenso daneben ging meine Bewerbung bei einem nahegelegenen VEB Kraftverkehr, nach der sich merkwürdigerweise noch einmal der „Kaderinstrukteur" der Fakultät für Journalistik per Post bei mir meldete. Seine Mitteilung: „Wir erhielten heute beiliegendes Schreiben des VEB Kraftverkehr Altenburg. Wie Sie daraus entnehmen können, besteht dort nicht die Möglichkeit, Sie einzustellen". Die Fakultät hatte also noch immer ihre Finger im Spiel.

Wurde deshalb auch meine Bewerbung beim VEB Automobilwerk Eisenach, das zu jener Zeit den Zweitakt-Wartburg 311 baute, zu einer Luftnummer? Mein Bewerbungsschreiben kam – mit Eingangsstempel „1. November 1960" – schon nach wenigen Tagen zurück. Es gebe keinen Bedarf. Offenbar fand zum „gesellschaftspolitischen Abgleich" einer betrieblichen Entscheidung wieder auch die Ansicht der Einsatzkommission der Fakultät Berücksichtigung. Der Vorwurf, dass es mir an „Klassenbewusstsein" mangele, verfolgte mich offenkundig hartnäckig. Jedenfalls schien es ganz so, als sollte für einen parteilosen Journalistik-Absolventen nicht einmal auf journalistischen Nebengleisen etwas laufen.

Endlich machte der Brief eines Berliner Verlags Hoffnung. Darin hieß es, weil in einer seiner Redaktionen dringend ein redaktioneller Mitarbeiter gebraucht werde, wolle man sich einmal mit mir unterhalten. Die Fahrtkosten übernehme der Verlag. Das klang schon mal ganz gut. Und von nun an nahm eigentlich alles einen geradezu traumhaften Verlauf. Auf wundersame Weise schienen sich die Dinge zusammenzufügen. Schließlich wusste ich, dass in diesem Verlag, es war der

Verlag DIE WIRTSCHAFT, auch „Der Deutsche Straßenverkehr" erschien, meine Lieblingszeitschrift.

Beim Vorstellungsgespräch aber wurde schnell klar, dass an einen Einsatz in meiner Wunschredaktion nicht gedacht war. Vielmehr gab es aktuellen journalistischen Bedarf beim Blatt „Handelswoche". Weil zu diesem Zeitpunkt mein Arbeitsplatz ja die Verladerampe eines Handelsbetriebs war, hielten meine Gesprächspartner einen Einsatz in der Redaktion der „Handelswoche" für ausgesprochen passend. Jedenfalls sah das die Chefredakteurin so. Erst nach ein paar Tagen Kontakt mit meinen Redaktionskollegen bekam ich mit, dass die Chefin die Frau des damaligen Innenministers der DDR war. Der ideologische Hintergrund fiel offensichtlich nicht zu meinem Nachteil aus. Das Formale und Organisatorische bei meiner Einstellung ging jedenfalls erstaunlich zügig über die Bühne. Die Redaktion besorgte mir die Zuzugsgenehmigung für Ostberlin (ohne dieses Papier lief nichts) und obendrein ein Zimmer zur Untermiete in Berlin-Pankow.

Fortan schien es das Schicksal nur noch gut mit mir zu meinen. Am Ende wollte es sogar ein Zufall, dass sich mein lang gehegter Wunsch schneller als gedacht erfüllte und ich im Verlag zur Redaktion „Der Deutsche Straßenverkehr" überwechseln durfte.

Hübsche Frauen und ein paar PS

Kurios der Hintergrund meines überraschenden Karrieresprungs! Traditionell hielt „Der Deutsche Straßenverkehr" an einem – wie ich noch heute meine – ziemlich albernen Gestaltungsstandard des Titelblattes der Zeitschrift fest: Immer waren da eine hübsche Frau in mehr oder weniger natürlicher Pose und ein Auto oder ein Motorrad zu sehen; vorzugsweise Fahrzeuge aus „volkseigener" DDR-Produktion.

„Der Deutsche Straßenverkehr", Ausgabe Juni 1960, mit der Ankündigung der JAWA 350.   *Foto: Archiv*

Wieder einmal war ein Redakteur auf die Suche nach einer attraktiven Schönen gegangen, deren Konterfei den nächsten Titel schmücken sollte. Der Kollege fand, was er suchte. Geraten war er allerdings an eine erst Sechzehnjährige, von der er – was das Mädchen verständlicherweise irritierte – offenkundig mehr erwartete als nur ein paar hübsche Fotoaufnahmen mit ihr. Auf welchem Wege der Vater der Schönen vom frivolen Ansinnen des Reporters erfuhr, blieb im Dunklen. Jedenfalls fand die redaktionelle Laufbahn des Charmeurs ein jähes Ende, als dessen sinnliches Begehren ruchbar wurde. Und so kam quasi über Nacht meine große Stunde. Ich durfte nachrücken und wurde jüngstes Mitglied der Redaktion „Der Deutsche Straßenverkehr".

Faszination Motorrad

Zieleinlauf! Sagen wir: fast. Ließ der Verlag doch durchblicken, eigentlich reiche ein Journalistik-Studium nicht aus, um sich über Autos und Motorräder oder andere technische Dinge auszulassen. Angebracht sei, den Facharbeiterbrief „Berufskraftfahrer" zu erwerben. Gesagt, getan. Ich war zu allem bereit. Die erworbenen Kenntnisse sollten sich in meinem motorjournalistischen Alltag öfter auszahlen.

Endlich war ich dort angekommen, wo ich hinwollte. Den Führerschein besaß ich inzwischen. Genau genommen zwei. Den für Motorräder hatte ich als Student während eines Dorfzeitungspraktikums in Mecklenburg erworben. Solchen Landeinsatz hielt man zur Halbzeit des Journalistik-Studiums für eine erste praktische Bewährungsprobe. Binnen sechs Wochen hatte jeder Student in einer ländlichen Region eine Dorfzeitung zu gründen. Und nebenher ein „Redaktionskollektiv" aufzubauen, das die Zeitung nach seiner Abreise weiterführen sollte. Also klapperte auch ich umliegende Dörfer nach geeigneten, vor allem aber willigen Kandidaten ab. Die Bereitschaft Angesprochener, bei „meiner" Dorfzeitung mitzumachen – sie hieß „Der Pflug" –, war gleich Null. Vor kam, dass mir die Tür vor der Nase zugeschlagen wurde, noch ehe ich das Gespräch auf den Kern meines Anliegens lenken konnte.

Die langen Wege ließen sich motorisiert zweifellos besser bewältigen als mit dem Fahrrad. Ich hatte Glück. Direkt an meinem Einsatzort konnte ich den Motorradführerschein erwerben. Bei der fahrpraktischen Ausbildung zahlte sich aus, dass ich als Oberschüler schon auf einer „Touren-AWO" der Gesellschaft für Sport und Technik erste Fahrerfahrungen gesammelt hatte. Nun aber war die Ausbildungs- und Prüfungsmaschine eine EMW R 35. Sie gehörte zum Fuhrpark des Betriebes, in dem ich den Landeinsatz absolvierte. Auf diese Weise machte ich also nähere Bekanntschaft mit einer jener Maschinen, die nach Kriegsende im Eisenacher Motorenwerk gebaut wurden; anfangs mit weiß-blauem und ab 1951 – nach Einspruch von BMW – mit weiß-rotem BMW-Markenzeichen. Gewusst hatte ich damals noch nicht, dass BMW in den Kriegsjahren die gesamte Motorradfertigung nach

Thüringen verlagert hatte, um am Standort München mehr Motoren bauen zu können.

Den Autoführerschein erwarb ich 1960 bei einer Berliner Fahrschule. Als Fahrschulauto diente ein hochbeiniger kastenförmiger Oldtimer mit auffallend großen Speichenrädern. Ein uralter Essex? Ich weiß es nicht mehr. In Erinnerung blieb, dass unter der Fronthaube ein offenbar großvolumiger Motor angenehm leise arbeitete.

Als die erste Fahrstunde anstand, fragte der Fahrlehrer, der auf dem Beifahrersitz Platz genommen hatte, eher beiläufig: „Sind Sie schon einmal Auto gefahren?" „Nein", bekannte ich, „aber einen Motorradführerschein habe ich." – „Na gut, dann fahr'n se mal los!" Wissen wollte ich wenigstens noch, mit welcher Schaltung ich es beim Fahrschulauto zu tun hatte. „Sieht man doch, H-Schaltung!", gab der Fahrlehrer denkbar knapp Aufklärung. H-Schaltung? Dass es mir dennoch gelang, den ersten Gang zu erwischen und geräuschlos einzulegen, machte mich irgendwie stolz. Wieder aber funkte der Fahrlehrer brummig dazwischen: Den Ersten brauche man nicht, Anfahren gehe im Zweiten. Ja sogar im dritten Gang. Das irritierte mich nun aber doch. Neugierig nachzufragen, wozu es denn dann überhaupt einen ersten Gang gebe, schenkte ich mir lieber …

Wie hätte ich ahnen sollen, dass diese meine Fahrschule viele Jahre später Stadtgespräch im geteilten Berlin sein würde. Gelang es doch ihrem Chef, sich über den innerstädtischen Grenzübergang Checkpoint Charlie, der ausschließlich Fahrzeugen der Alliierten vorbehalten war, nach Westberlin chauffieren zu lassen. Er und sein Fahrer hatten sich sowjetische Uniformen angezogen und dazu passend ein Auto russischer Produktion bestiegen, einen „Pobjeda", was zutreffenderweise „Sieg" heißt. Täuschend echt militärisch kostümiert, vermutlich innerlich grinsend, passierten die falschen Russen an den DDR-Kontrollposten vorbei die innerstädtische Grenze in Richtung Westberlin. Am Tag darauf überschlug sich der Ostberliner Blätterwald mit Geschichten von einem erneuten „provokatorischen Grenzdurchbruch".

Erstbesteigung: Die rote Jawa

Das erste Testmotorrad, das ich als redaktioneller Jungspund beim „Deutschen Straßenverkehr" besteigen durfte, war eine Jawa 350. In markentypischem Rot natürlich. Die auffallend harmonisch gestylte tschechische Maschine galt zu DDR-Zeiten als besonders spurtfreudig. Aber mehr als 16 PS hatte der Zweizylinder-Zweitakter auch nicht zu bieten. Respektlos davonfahren konnte sie „großen" MZ-Einzylindern nicht Zu entdecken an der Jawa war eine interessante technische Besonderheit: Der Fußschalthebel wurde gleichzeitig zum Kickstarter, wenn der Hebel samt Welle, auf der er saß, nach innengedrückt und dann nach oben geschwenkt wurde.

Und dann war da noch der betörende Sound, für den die links und rechts verlegten Auspufftöpfe sorgten. Die Begeisterung für den tschechischen Zweitakter blieb allerdings nicht ohne Achtungszeichen. Gesprächsweise machte unter Motorradfahrern ein gefürchteter Makel der Dreihundertfünfziger die Runde: Es bestand Gefahr, dass anhaltend schnelle Fahrt mit hoher Motordrehzahl einen Kolbenklemmer bescherte. Ein Dilemma, das mit großer Wahrscheinlichkeit schlagartig auch zur Blockade des Hinterrads und zum Sturz führte. Schuld war offenbar der Unterzug des Rahmens, der genau in der Mitte der parallel angeordneten zwei Zylinder vorbeiführte. Dort gab es keine Zylinderrippen, obendrein Fahrtwindschatten und damit partiell beeinträchtlgte Motorkühlung – mögliche Ursache für einen Kolbenklemmer.

Salto mortale auf der Autobahn

Was ein blockierender Motorradmotor anrichten kann, sollte ich zehn Jahre später am eigenen Leibe erfahren. Nach und nach gehörte zu meinen redaktionellen Aufgaben das Verfassen von Testberichten auch von Motorrädern. Ein Job, der neidfrei blieb. Riss sich doch niemand in der Redaktion ums Motorradfahren zu jeder Jahreszeit. Da kam ein Motorradnarr wie ich wie gerufen.

Als ich wieder einmal mit einem Testmotorrad, einer 250er MZ, unterwegs war, gab es einen Zwischenfall, der meine Biker-Leidenschaft auf eine harte Probe stellte. Fällig gewesen war nach einem halben Jahr Testeinsatz eine Inspektion der Maschine. Technische Beanstandungen gab es nicht. Aber der Kraftstoffverbrauch schien sich auf ein für meine Begriffe ungehöriges Maß einzupendeln. Die Ursachenforschung wollte ich den Profis im Motorradwerk Zschopau überlassen. Von dort hatte die Redaktion die Testmaschine bekommen. Dass die MZ-Versuchsabteilung schnell und nachhaltig Abhilfe schaffen würde, davon ging ich aus. Eines Tages also ab ins Erzgebirge!

Der Aufenthalt im Werk war kurz. Schon bald übergab mir der Bereich Fahrversuch die Maschine wieder für die Rückreise. Zunächst führte die Fahrt über kurvenreiche Landstraßen. Schön! Anschließend ging`s auf der Autobahn leider nur noch stur geradeaus Richtung Dresden und Berlin. Weil es Ende Oktober und schon ziemlich kalt war, lag es nahe, die anstehenden Kilometer – so um die 280 – möglichst schnell hinter sich zu bringen. Was heißt schnell? Auf DDR-Autobahnen war ja maximal Tempo 100 zulässig, und mit Geschwindigkeitskontrollen musste man stets rechnen.

Das Szenarium solcher Kontrollstellen bleibt jedem, der sie erlebte, in Erinnerung. Moderne Radarpistolen waren in der DDR selten im Einsatz. Stattdessen praktizierte die Volkspolizei – oft unterstützt von „Freiwilligen Helfern der VP" mit entsprechender Armbinde – eine eigenwillige Messmethode. Quer zur Fahrbahn wurden zwei offenbar mit einer Flüssigkeit gefüllte Druckschläuche im Abstand von schätzungsweise zwei, drei Metern ausgelegt. Die gefahrene Geschwindigkeit ließ sich anhand der Zeit errechnen, in der ein Fahrzeugvorderrad die beiden Schläuche nacheinander überfuhr. Es soll Autofahrer gegeben haben, die angesichts einer solchen spät wahrgenommenen Tempofalle eine schroffe Notbremsung hinlegten. Den ausgelegten Schläuchen dürfte sie nicht gut bekommen sein.

Zurück zur Testmaschine! Bis nahe der Autobahnausfahrt Dresden-Altstadt ging alles glatt. Doch auf einem Abschnitt mit sechs Prozent Gefälle, bei Kilometerstein 10,5 (wie später im Unfallbericht vermerkt war), quittierte der bis dahin voll geforderte und entsprechend heiße Zweitakter das schnelle Gaswegnehmen angesichts eines Nebelschwadens mit einem brachialen Kolbenklemmer. Gerechnet hatte ich damit überhaupt nicht. Signalisierte die Testmaschine doch selbst in der Einfahrzeit nicht einmal ansatzweise eine Klemmneigung. Bevor ich auskuppeln konnte (meine linke Hand schob gerade die Motorradbrille nach oben), „stand" das Hinterrad und wurde zur schlitternden Gummikufe. Bei Tempo 100!. Sturz, Abgang! Fahrerlos schoss die Maschine über den Mittelgrünstreifen (Leitplanken gab es seinerzeit in der DDR nicht) und blieb etwa 30 Meter weiter mit Scheinwerferlicht auf der Gegenfahrbahn liegen. Zwei Lkw-Fahrer entdeckten zuerst das Motorrad, dann mich. Dass Schlimmes passiert sein musste, realisierte ich, denn im Gesicht bluteten mehrere Schürfwunden. Schmerzen empfand ich überhaupt nicht. Glück gehabt? – Der Schutzhelm, noch immer auf meinem Kopf, hatte gleich mehrere Risse, wie sich später zeigte. Dass bei der Bruchlandung das rechte Ellenbogengelenk splitterte, erfuhr ich nach der Einlieferung ins Krankenhaus Dresden-Friedrichstadt. Leider hat das komplizierte Knochenscharnier trotz mehrerer chirurgischer Reparaturversuche seine Beweglichkeit nicht zurückgewonnen. Die Zeit bescherte eine Erkenntnis: Der Mensch gewöhnt sich an vieles, letztlich auch an körperliche Handicaps, wenn es keine Alternative gibt.

Dem Biker ins Gewissen geschrieben

Technisches Versagen könnte man als „Schicksal" durchgehen lassen. Eigenes Fehlverhalten nicht. Unzählige Male habe ich später an die Motorradfahrer unter den Lesern appelliert, stets alle Sinne beisammen zu haben, damit ihre Leidenschaft kein schlimmes Ende nimmt. Jeder einzelne solcher warnenden Appelle ist eigentlich zeitlos gültig, auch dieser:

„Sommer, Sonne. Ferientage. Tausende gehen jetzt auf große Tour mit ihrem Motorrad, ihrem Mokick. Hochstimmung rundum, herrliche Zweiradzeit! Man kann´s kaum erwarten, bis es endlich rollt. Nette Kumpels sind mit von der Partie, die umworbene Freundin, Freunde. Und dann scheint sogar der Motor zu laufen wie nie zuvor. Alles „paletti". Wirklich? Man muss kein Schwarzmaler sein, um voraussagen zu können, dass einige von denen, die jetzt mit schönsten Urlaubserwartungen aufbrechen, zwischen Start und Ziel von eigener Fehlbarkeit eingeholt werden. Im Überschwang des Fahrgefühls – gedanklich untersetzt von allem, was an Ferienfreude in Aussicht steht – kommt allzu leicht Wichtiges unter die Räder. Gerade war der Traum am schönsten, da ist er auch schon aus. Einen Lidschlag lang nicht aufgepasst, nicht so recht bei der Sache gewesen, eine Gefahr übersehen – und schon mittendrin in einer Katastrophe! Mitgerissen ins Dilemma den Kumpel, die Freundin... Nichts lässt sich mehr ungeschehen machen, passiert ist, was nie passieren sollte, nie passieren durfte. Bedrückend die Erkenntnis: alles aus!

Nein, so ist es ja nicht. Morgen, übermorgen vielleicht startet ihr doch erst. Also Leute, habt Spaß am Motorradfahren! Genießt die Ferienfreunden, seid aus dem Alltagshäuschen, aber bleibt – solange ihr hinter dem Lenker sitzt – stets in der Spur der Vernunft! Auf jeden Meter vom Start bis zum Ziel. Nur so kommt ihr heil wieder nach Hause. „Gute Fahrt" euch allen!"

Kultisches: Die alte AWO

Leidenschaftlicher Motorradfahrer bin ich geblieben. Geweckt wurde die Biker-Lust bei mir in der Oberschulzeit als Mitglied einer Motorsportgruppe der Gesellschaft für Sport und Technik (GST). Nicht wenige meiner Klassenkameraden – alle um die 16 Jahre alt – waren ebenfalls wild aufs Motorradfahren. Einen Führerschein hatte noch keiner von uns. Dementsprechend stolz wie Bolle, aber eigentlich immer bewundernswert brav, folgten wir bei Ausfahrten unserem Fahrlehrer.

Gesessen haben wir auf jenen robusten AWO-Tourenmodellen, die in Thüringen, in Suhl, gebaut wurden. In jenem Werk, das 1945, nach Kriegsende, erst einmal von der sowjetischen Aktiengesellschaft AWTOWELO „vereinnahmt" wurde.

Meine AWO Sport, Baujahr 1957.   *Foto: privat*

Im Auftrag dieser AG war ab 1948 die Entwicklung dieses Motorrades vorangetrieben worden. Eine hundertprozentige Eigenentwicklung? – Eher ist es wohl so, dass die Konstrukteure der AWO mit einem Seitenblick die konzeptionell ähnliche BMW R 23 im Auge gehabt haben. 1950 lief die Nullserie der Suhler Maschine vom Band, getauft auf den Namen „AWO 425". Ein Einzylinder-Viertakter, der sich mit 12 PS begnügte. 1957 gab AWTOWELO die Regie über das Werk ab. Die Motorradproduktion wurde am traditionsreichen Standort weitergeführt. Ihre letzte Stunde schlug der AWO erst später im „VEB Fahrzeug- und Gerätewerk Simson Suhl". Vorher hatte sich zu ihr noch eine 425 S gesellt, die modernere AWO Sport, unter anderem mit Hinterradschwinge.

Auf Geheiß der DDR-Regierung wurde der Bau beider Motorradmodelle 1962 eingestellt. Fortan sollte sich das Werk voll auf Mopeds und Kleinkrafträder konzentrieren, die in der Zweiradbranche weltweit in Mode gekommen waren. Beeindruckend legten die Suhler los. In kurzen Abständen bekam die aufgelegte originelle Simson-„Vogelserie" Zuwachs. Nach den drei einsitzigen Mopeds SR1, SR2 und Spatz folgten die Zweisitzer Star, Schwalbe, Habicht, Sperber und schließlich ein kleiner Roller mit fantastischem Fahrwerk, zuletzt sogar mit elektrischem Anlasser. Als SR 50 und SR 80 wurde dieser Simson-Roller noch bis zur Insolvenz des Unternehmens im Jahr 2002 gebaut. Simson-Motoren waren durchweg Zweitakter mit 50 bis 70 ccm Hubraum. Die Zylinderkühlung übernahm entweder der Fahrtwind oder ein Gebläse.

Kleinkrafträder wurden zu DDR-Zeiten erfolgreich exportiert. Anfang 1988 gab es ein bemerkenswertes Jubiläum: Das fünfmillionste Kleinkraftrad mit dem Markennamen „Simson" lief vom Band.

Vogelflug auf Langstrecke

Zwischen Motorrädern mögen technisch gesehen Welten liegen. Aus meiner Sicht aber hat der Umgang mit jedem motorisierten Zweirad – ob groß oder klein – seinen speziellen Reiz. Erklären mag das, dass ich nicht davon abzubringen war, alle Moped- und Mokick-Modelle, die im Laufe der Jahre bei Simson in Suhl gebaut wurden, als Testobjekte für den „Deutschen Straßenverkehr" direkt ab Werk zu übernehmen. Vom thüringischen Suhl ging die Fahrt nach Berlin zur Redaktion. Bei der Überführungsfahrt kamen um die 400 Kilometer zusammen.

Solch eine Tour hatte immer etwas Abenteuerliches. Einmal dauerte sie 13 lange Stunden. Anfangs – nach Anlauf der Suhler Kleinkraftradproduktion – war ich ja nur mit dürren 2,3 PS (Spatz) unterwegs, später dann mit 3,4 PS (Star, Schwalbe) und schließlich mit 4,6 PS (Sperber). Auf der Überführungsfahrt mussten die fabrikneuen Testobjekte, allesamt Zweitakter, auch gleich die Einfahrphase hinter sich bringen. Anhaltende „Vollgasritte" auf der Autobahn waren also von vornherein ausgeschlossen. Hierher gehört der Vermerk, dass Autobahnen in der DDR mit Zweirädern befahren werden durften, wenn sie bauartbedingt eine Höchstgeschwindigkeit von 50 km/h erreichten.

Von jedem der vielen Simson-Vögel veröffentlichten wir einen ausführlichen Testbericht. Mein letztes Testfahrzeug vor dem Mauerfall war der Simson-Roller SR 50 CE, die Komfortvariante mit Elektrostarter (Testbericht in Heft 12/88). Das Fahrwerk dieses Rollers, das selbst mit miserablen Straßen überzeugend fertig wurde, stellt das in Mode gekommene kompakte Triebsatzschwingen-Konzept in den Schatten. Einen Nachteil hat der Simson-Roller allerdings: Unter der Sitzbank lässt sich kein Schutzhelm diebstahlsicher verstauen ...

Im allgemeinen Sprachgebrauch der DDR wurde zwischen Mopeds (Motor/Pedale) und Mokicks (Motor/Kickstarter) unterschieden. Eine umgangssprachliche Vereinheitlichung hat die Wiedervereinigung gebracht. Deutschlandweit schwärmen Motorradfahrer inzwischen liebevoll von ihren „Moppeds", selbst wenn von großkalibrigen Motorrädern die Rede ist.

Neuwagenkauf im Sozialismus: Katze im Sack

Beim Verfassen von Pkw-Testberichten brauchte sich die Redaktion nie Zwang anzutun. Werben fürs beurteilte Objekt mussten wir nicht. Im Gegenteil! Reklameschieben für irgendein Auto hätte ausgesprochen albern gewirkt. Unsere Gedanken beim Schreiben waren schließlich bei der gefühlten Ewigkeit von zehn bis 18 Jahren, die von der Anmeldung bis zur Auslieferung eines fabrikneuen Autos vergehen konnten.

In der DDR war die Übergabe des soundsovielten aus der Sowjetunion importierten Pkws ein „gesellschaftliches Ereignis".   *Foto: privat*

Mit Vergleichstests befassten wir uns überhaupt nicht. Die Frage, welche Automarke, welches Modell die bessere Wahl wäre, trieb Pkw-Anwärter in der DDR nicht ansatzweise um. Hatten sie sich mit der Abgabe ihrer Bestellung doch ohnehin festgelegt. Sie waren einfach froh, wenn sie eines Tages bekamen, was sie einmal vor vielen Jahren bestellt hatten.

So schlicht war er, der Schein, mit dem der IFA-Vertrieb eine vorgenommene Pkw-Bestellung bestätigte.   Foto: privat

Da spielte es beispielsweise überhaupt keine Rolle, wenn das so sehnsüchtig erwartete Gefährt nicht die eigentliche Wunschfarbe hatte. Und weil im Sozialismus technischer Fortschritt ein furchtbar zäher Bursche ist, gab es während der Wartezeit ja auch nur marginale äußere oder technische Veränderungen am Fahrzeugtyp, den man bestellt hatte. Am lange erwarteten Tag der Auslieferung war die Freude einfach riesengroß. Man akzeptierte das Auto so, wie es dastand.

Bestellen bei einer Filiale des VEB IFA-Vertrieb („IFA" steht für Industrieverband Fahrzeugbau) konnte ein Auto nur, wer mindestens 18 Jahre alt war. Die staatliche Festlegung lief damit darauf hinaus, dass sich junge Leute von vornherein damit abfinden mussten, beim IFA-Vertrieb ein fabrikneues Auto frühestens als etwa 30-Jährige in Empfang nehmen zu können.

Pkw-Verkäufe über entsprechende Kleinanzeigen in Zeitungen oder auch in unserer Zeitschrift gab es durchaus, aber sie waren eher selten und galten keinen Neufahrzeugen. Vor kam, dass für einen besonders begehrten Gebrauchtwagentyp mehr als dessen Neuwagenpreis verlangt und auch bezahlt wurde. Geradezu unverschämte Preisforderungen hatten mitunter Leute, die auf eine ältere Anmeldung vom IFA-Vertrieb überraschend mit einem Auto aus dem „Westwagen"-Importkontingent bedacht wurden, es aber nicht selbst nutzen wollten. Der unmittelbare Weiterverkauf war eigentlich unzulässig. Diese Order ließ sich umgehen. „Westwagen"-Besitzer spürten, dass sie automobilen Goldstaub besaßen, den der eine oder andere auch entsprechend gewinnbringend zu vermarkten suchte. Für einen neuen Mazda 323 sollen auch schon mal 80.000 DDR-Mark verlangt worden sein. Beim IFA-Vertrieb kostete der Japaner rund 23.000 DDR-Mark. Selbst für einen Wartburg Tourist, einige Jahre alt und in gutem Zustand, ließ sich locker der Neuwagenpreis erzielen. Gelegentlich mehr.

Geschenke des Himmels

Die zwischen 1978 und 1981 in Schüben importierten „Westwagen" – 10.000 Mazda 323, 10.000 VW Golf, ein paar Tausend Citroën GSA Pallas und einige Hundert Peugeot 305 – mussten sich mit vergleichsweise stiefmütterlicher redaktioneller Behandlung abfinden. Unsere Zeitschrift spiegelte nur andeutungsweise wider, dass Ende der 1970er-, Anfang der 1980er Jahre „moderne Westautos" mit DDR-Kennzeichen das triste sozialistische Straßenbild belebten. Die „Initialzündung" dazu kam von jenem Deal, den 1977 DDR-Unterhändler mit dem VW-Werk in Wolfsburg vereinbart hatten. Es war eine Sensation, dass eine größere Golf-Lieferung bestellt und zügig geliefert wurde. Dazu kam der Import des Mazda 323 und des Citroën GSA. Deren Einfuhr blieb eine einmalige Angelegenheit. Eine andere „Westwagen"-Quelle sprudelte hingegen über Jahre hinweg, wenn auch nicht üppig: DDR-Bürger konnten per GENEX-Geschenkdienst von Gönnern, die „im Westen" lebten, ein Auto geschenkt bekommen. Zur Wahl standen nur einige wenige Modelle. Mit Blick auf die unumgängliche technische Betreuung ihres Fahrzeugs durch eine Fachwerkstatt entschieden sich Beschenkte häufig lieber für ein Automodell aus dem „Standard"-Sortiment des IFA-Vertriebs, etwa einen Lada oder Skoda. Alle mit D-Mark bezahlten Autos wurden binnen weniger Wochen an die Beschenkten ausgeliefert. Grund zu doppelter Autofreude.

Für die Zurückhaltung der DDR-Medien in Sachen Westwagen gab es Anweisung „von oben", die unser Genosse Chefredakteur brav umsetzte. Wir Redakteure durften lediglich einmal für ein, zwei Tage erleben, wie sich etwa ein Peugeot 305 anfühlt. Auf einen Testbericht warteten die Leser vergeblich.

Nützliche Selbsthilfe-Tipps von Lesern

Leserzuschriften, die sich auf Automodelle „aus dem Westen" bezogen, waren eher selten in der eingehenden Post. Davon hätte man ableiten können, dass es mit solchen Autos einfach weniger Probleme gab. Vermutlich war das auch so. Wie eh und je beherrschten Trabant-Themen weiterhin das Terrain. Ich weiß nicht, wie oft es in den fast drei Jahrzehnten meiner Zugehörigkeit zur Redaktion einen Testbericht vom Trabant als Limousine oder Kombi, zuletzt 601 Universal genannt, gegeben hat. Lediglich marginale Veränderungen, wie sie etwa immer wieder auf der Leipziger Messe groß herausgestellt wurden, waren für die Redaktion bereits Anlass, sich ein weiteres Mal näher mit dem Trabant zu befassen.

Seit Beginn seiner Serienproduktion Mitte 1958 war der Trabant als Typ 500, 600 und 601 Dauerthema in unserer Zeitschrift. Es gab die spezielle Rubrik „Du und Dein Trabant", obendrein die werksamtlichen „Sachsenring-Informationen". Viel Raum wurde dem Erfahrungsaustausch der Trabant-Besitzer eingeräumt. Die meisten Verbesserungsvorschläge hatten durchaus wertvolle Substanz. Beispielsweise empfahl ein Trabant-Besitzer den Einbau eines Leitbleches für die Heizluft, das zu spürbar besserer Erwärmung des Innenraums vor allem im Fondbereich führte. In der Kritik stand ja öfter, dass der gebläsegekühlte Zweitakter nur eine bescheidene Heizleistung bescherte, solange er nicht anhaltend mit höheren Drehzahlen bewegt wurde, etwa auf der Autobahn. Da wiederum lief der "Gasfuß" Gefahr, geröstet zu werden. Ihn traf der Heizluftstrom ganz unmittelbar. Der Leser, der den Verbesserungsvorschlag machte, lieferte natürlich gleich eine Bauzeichnung samt der genauen Maße fürs empfohlene Leitblech mit.

Behaupten will ich, dass es keine andere deutsche Autozeitschrift gegeben haben dürfte, an deren Inhalt die Leser ähnlich großen Anteil hatten. Von unseren Lesern kamen meist hilfreiche konstruktive Ratschläge. Ab und zu empfahlen sie auch Elemente zur rein optischen Aufwertung des Trabant. Sein nüchternes Serien-Outfit wollte vielen seiner Besitzer einfach nicht gefallen. Verständlich.

In der ständigen Rubrik „Sachsenring-Information" fand der Leser hilfreiche Hinweise der Abteilung Kundendienst der Zwickauer Trabant-Werke. Von werksamtlichen Tipps zur Selbsthilfe ließ sich ableiten, dass man Besitzern eines Trabant allerhand handwerkliches Geschick zutraute. Es gab sogar eine ausführliche Information mit Text und Bildern zur Instandsetzung beschädigter Duroplastteile, also der Karosserieaußenhaut des Trabant (Heft 9/1986).

Unsere Empfehlungen zur Selbsthilfe am eigenen Fahrzeug waren mitunter juristische Gratwanderungen. Denn den in der Zeitschrift vermittelten Tipps, wie sich der eine oder andere Mangel am eigenen Kraftfahrzeug abstellen ließ, sollte ja nur derjenige folgen, der ein bestimmtes Maß an technischem Verständnis und darauf gegründetes Verantwortungsbewusstsein hatte. Loslegen können hätten aber eben immer auch Menschen mit zwei linken Händen und naivem Selbstvertrauen. Gottlob, es ist über Jahrzehnte gutgegangen.

Die Aussichtslosigkeit, einen einigermaßen zeitnahen Werkstatttermin zu bekommen, forderte die tätige Selbsthilfe des Fahrzeugbesitzers einfach öfter heraus. Erkennen lässt das Jahresinhaltverzeichnis unserer Zeitschrift, in Ausgabe 12 eines jeden Jahrgangs beigeheftet, welch breiten Raum Technikbeiträge in jedem Heft einnahmen und wie intensiv unsere Leser an den Empfehlungen in Rubriken wie „Du und dein Trabant" und „Selbst geholfen" beteiligt waren.

Veröffentlichte spezielle Wartungstipps für das eine oder andere ins Land gekommene „Westauto" waren eine Seltenheit. Zu tun hatte das auch etwas mit der ideologischen Grundeinstellung jenes Chefredakteurs, der ab 1982 bis in die Wendezeit hinein regierte. Sein Standpunkt war, wer unbedingt ein Auto aus dem Westen fahren wolle, der solle doch mit dem Gefährt selig werden. Ohne unseren Beistand, ohne unsere Tipps. Beispielsweise war das die Position des Chefredakteurs, als in der Redaktion darüber debattiert wurde, ob in einer laufenden Beitragsreihe zur vorbeugenden Hohlraumkonservierung einzelner Automodelle auch die Westfraktion Golf & Co. berücksichtigt werden solle.

Nein, die automobile Leidenschaft der Leser sollte um die sozialistischen Dauerbrenner kreisen. Das waren Trabant, Wartburg, Skoda,

Lada, Moskwitsch, Saporoshez, Dacia (der rumänische Nachbau des Renault 12), Polski-Fiat, Zastava (der jugoslawische Fiat 128). Sozusagen das sozialistische Standardangebot. Selbst das hatte zeitweilig auffällige Lücken. Importwagen aus den „sozialistischen Bruderländern" kamen keineswegs regelmäßig zur Auslieferung an wartende Besteller. Weil die Einfuhr bzw. die Ausfuhr aus dem Lieferland von wirtschaftlichen oder politischen Rahmenbedingungen abhing, die zeitweilig sozusagen planwirtschaftlich nicht gegeben waren.

Selten glückliche Stunden beim IFA-Vertrieb

Wer beim IFA-Vertrieb anhand einer ausreichend alten Autoan-meldung ein Auto aus den überraschenden Westimporten abbekom-men hatte, durfte sich doppelt glücklich schätzen. Gekoppelt war solch frohe Botschaft nämlich an die Aufforderung, binnen weniger Tage zu entscheiden, ob das Angebot angenommen wird. Es musste schnell gehen. Eine völlig unwirkliche Situation für Autoanwärter in der DDR, die normalerweise mindestens zehn Jahre (im Falle Trabant), meistens aber deutlich länger auf ein bestelltes Auto warten mussten.

Vor einer drängender Entscheidung stand eines Tages auch meine Familie. 1981 wurde uns auf Basis einer viele Jahre zuvor abgegebe-nen Anmeldung für den Lada 2103 ein Citroën GSA Pallas angeboten. Dessen Import hatte einen politischen Hintergrund. Offenbar sollte ein Auto der Marke Citroën auch dem Volk verkauft werden, nachdem sich Erich Honecker bereits in einem größeren Citroën-Modell, einem eigens verlängerten, aber ungepanzerten Citroën CX 25 Prestige, chauffieren ließ. Und im Fuhrpark von Ministerien und anderen „ge-sellschaftlichen Einrichtungen", wie auch die Stasi umschrieben wur-de, tauchte das BX-Modell von Citroën auf.

Der GSA war mit seinem hydropneumatischen Fahrwerk etwas Be-sonderes. Auch im luftgekühlten 1,3 Liter-Vierzylinder-Boxermotor, 65 PS leistend, sahen DDR-Autointeressenten etwas Reizvolles. Von die-sem Auto ging irgendwie Verführung aus. Und so nahm auch meine Familie das GSA-Angebot an, obgleich es erhebliche Mühe bereitete, die stolze Kaufsumme von fast 39.000 DDR-Mark binnen weniger Tage zweckgebunden zu verflüssigen. Gelingen konnte das nur mit ver-wandtschaftlicher Unterstützung.

Finanzierungsangebote für den Erwerb von Kraftfahrzeugen mach-ten Geldinstitute in der DDR nicht. Möglicherweise basierte diese staatliche Regelung auch auf der schelmischen Überlegung, dass die Leute ja während der vieljährigen Wartezeit bis zur Auslieferung ihres Neuwagens ausreichend Gelegenheit zum Ansparen selbst höherer Autopreise hatten. In der Bundesrepublik kostete der Citroën GSA

Pallas seinerzeit 14.990 DM. Dort war er vergleichsweise ein Schnäppchen.

Der zügige Verkauf der eingeführten Mazda, VW, Citroën, Volvo und Peugeot verlangte vom staatlich gelenkten IFA-Vertrieb nie gekannte Höchstleistungen. Auf die plötzliche Neuwagenschwemme musste sich das gewöhnlich mit dem Verteilen viel zu weniger Neufahrzeuge beschäftigte Unternehmen erst einstellen. Um die ungewohnte Situation bewältigen zu können, wurden im Schnellverfahren zusätzliche Autoverkäufer geschult. Die eilig Präparierten brachten offensichtlich eher seltener überzeugende Eignung für eine solche Aufgabe mit. Als wir, meine Frau und ich, unseren GSA beim IFA-Vertrieb in Berlin-Rummelsburg abholten, hielt der Verkäufer meiner Frau – sie war die ursprüngliche Lada-Bestellerin – einen beeindruckenden Kurzvortrag über die Finessen dieses französischen Autos. Die zu vermittelnden Fakten zum Auto schien er auswendig gelernt zu haben. Unterbrach man seinen Redefluss mit einer Frage, wiederholte er ganze Passagen seines Vortrags wie gehabt. Zum Schluss gab er noch den interessanten Hinweis, unbedingt darauf zu achten, „Kraftstoff stets blasenfrei zu tanken". Offenbar war dem Mann die tiefe Verinnerlichung dessen gelungen, was er einmal an einer Tankstellen-Zapfsäule gelesen hatte ...

Widersprüche: Einheits- und Wucherpreise

Für denjenigen, der marktwirtschaftliche Spielregeln gewöhnt ist, mag es seltsam, möglicherweise paradiesisch klingen, dass es in der DDR verbindliche Einheitspreise für Waren und Dienstleistungen aller Art gab. Und zwar flächendeckend. Profanes Beispiel: Eine Bockwurst kostete in der Währung der DDR landauf landab 80 Pfennige, das Brötchen dazu 5 Pfennige. Dass das niedrige Preisniveau bei Grundnahrungsmitteln nur dank staatlicher Subventionierung möglich war, interessierte Nutznießer der ungewöhnlichen Preisbildung wenig.

Damit sich ein einmal amtlich genehmigter Preis im Laufe der Zeit nicht verflüchtigen konnte, wurde er selbst in simple Pfennigartikel wie etwa in Öffner für Flaschen mit Kronkorken eingraviert. Ausgewiesen per Gravur wurde beispielsweise auch auf jeder einzelnen Stecknuss für den Werkzeugkasten neben dem Hersteller („Smalcalda") der verbindliche Einzelverkaufs-Preis. Bei einer 22er-Stecknuss waren das beispielsweise „1,85 EVP" (Einzelhandelsverkaufspreis). Gleichermaßen unkorrigierbar machte der auf seinem Produkt ausgewiesene Hersteller „WFR Radebeul DDR" den Preis jedes einzelnen seiner Maulschlüssel. Er wurde praktischerweise gleich mit eingegossen. Beispielsweise trug ein Schlüssel mit 13/17er-Maulweite die Prägung für die Ewigkeit „EVP 1,35".

Interessant mag sein, die Kaufkraft der beiden deutschen Währungen DDR Mark und D-Mark zu vergleichen. Daraus Schlüsse auf Unterschiede im Lebensstandard zu ziehen, wäre allerdings nur unter Berücksichtigung des Monatseinkommens in Ost und West möglich. Knapp 800 Mark der DDR betrug der durchschnittliche Monatslohn 1980, also zehn Jahre vor dem Fall der Mauer. Vorstellen lässt sich, wie mühsam es war, etwa den Kaufpreis für einen Trabant 601 anzusparen. In der Ausführung „S de luxe" kostete er 1982 10.952 Mark der DDR. In einen Wartburg 353 mit Dreizylinder-Zweitaktmotor mussten rund 23.000 Mark investiert werden, und ein Lada 1300 S (WAS 2105) kostete Anfang der Achtzigerjahre 23.650 Mark der DDR. Um genau zu sein: 400 Mark Aufpreis waren fällig, wenn dieses Auto als Extra (!) mit Stahlgürtelreifen ausgeliefert wurde. Serienstandard war die Ausrüstung mit Diagonalreifen, die bei Nässe bekanntermaßen eine fragwürdige Straßenlage bescherten.

Öfter wurde zur Überbrückung der jahrlangen Wartezeit bis zur Auslieferung eines bestellten Autos ein Motorrad oder Motorroller angeschafft. Die Qual der Wahl gab es dabei nicht, nachdem der anfängliche gelegentliche Import von Jawa- bzw. CZ-Motorrädern und Motorrollern aus der damaligen Tschechoslowakei Ende der 1960er-Jahre eingestellt wurde. Die Scooter hießen „Cezeta 175" bzw. „200", „Manet S 100" und „Tatran 125".

Obwohl von da an außer den MZ-Maschinen, den Simson-Kleinkrafträdern und den vom VEB Industriewerke Ludwigsfelde von 1954 bis 1964 nacheinander gebauten Motorrollern Pitty, Wiesel, Berlin und Troll keine weiteren Zweiräder angeboten wurden, galt Motorradfahren auch in der DDR als Hobby. Häufig war die Anschaffung eines motorisierten Zweirades allerdings eine Notwendigkeit, um individuell mobil sein zu können. Familien entschieden sich praktischerweise öfter fürs MZ-Gespann. Marke und Modell waren alternativlos,

Erstaunliche DDR-Improvisation: Eigenbau-Motorrad mit Motor vom Pkw Saporoshez. Foto: privat

wenn man davon absieht, dass auch ein kastenförmiger Lastenseitenwagen gewählt werden konnte.6.265 Mark der DDR kostete das MZ-Gespann 1984 mit Superelastik-Seitenwagen und – als gefeiertes Novum – mit Scheibenbremse am Vorderrad. Auch für eine solche Mobilitätsalternative musste also erst einmal eisern gespart werden.

Kam in der Familie in dieser Situation etwa der Wunsch nach einem der ersten im Handel auftauchenden Farbfernseher auf, bedeutete das, vom mühsam Angesparten zunächst mindestens 4.500 Mark der DDR abzuzweigen. Farbfernsehen galt in der DDR noch in den Achtzigerjahren als Luxus. Wurde ins bereits Gesparte fürs erwartete Auto ein derart großes Loch gerissen, fiel es verdammt schwer, das Autobudget wieder ausgleichen.

Anstellen zum Tanken beim Minol-Pirol

In Deutschland existieren heute rund 14.400 konkurrierende Tankstellen an Straßen und etwa 350 an Autobahnen. In der DDR hatte das uneingeschränkte Tankstellenmonopol der VEB Minol. Sein dünnes Tankstellennetz musste von vornherein zur Schlangenbildung an den Tanksäulen führen. Am Tage. Nachts war der größte Teil der Minol-Oasen geschlossen. Der Minol-Pirol, das symbolisch diensteifrige Maskottchen der Marke, ging früh schlafen. Im Rückblick kann man es nicht für möglich halten, dass es in den fünfzehn DDR-Bezirken, einschließlich Ostberlin, insgesamt nur 54 Tankstellen mit Tag- und Nachtdienst gab. In Ostberlin waren es ganze fünf. Im Bezirk Suhl gab es eine einzige Nachttankstelle; die in der Stadt.

Irgendwann war irgendwer auf die Idee gekommen, an der einen oder anderen Tankstelle, die nachts geschlossen wurde, Nachttankboxen zu installieren. Das waren Schließfächer, denen jeweils ein gefüllter 5-Liter-Kanister entnommen werden konnte, wenn zuvor bei passender Gelegenheit an einer Tankstelle vorsorglich ein Schließfachschlüssel zum Preis des Kanisterinhalts erworben worden war. Damit den Behälter niemand mitgehen ließ, verband ihn ein dünnes Stahlseil mit dem Schließfach. Hightech der rustikalen Art.

Das einzig Positive, das sich den Tankstellen des VEB Minol abringen ließ, waren die unerschütterlich stabilen Kraftstoffpreise. VK 88 (Vergaser-Kraftstoff, Oktanzahl) bzw. VK 92 kostete an ausnahmslos jeder Tankstelle 1,50 bzw. 1,65 Mark der DDR. Jahrein, jahraus.

Handel? Etwas zum Kopfschütteln

Allen Grund hatte unsere Redaktion, sich immer wieder mit der Art und Weise des Fahrzeug- und Ersatzteilhandels in der DDR auseinanderzusetzen. In Ausgabe 2/1963 berief ich mich auf Leserzuschriften und klagte: „Da kauft man einen Wagen, ohne ihn, geschweige denn andere Typen jemals vorgestellt bzw. vorgefahren zu bekommen. Man sucht ein Getrieberad für die Simson-Sport. Der Verkäufer stellt eine Holzkiste auf den Ladetisch und meint: ‚Suchen Sie sich bitte selbst das Richtige heraus!' Im Kfz-Geschäft einer Kreisstadt verlangt man einen Gasbowdenzug für den Motorroller Wiesel. Verkauft wird mit lächelnder Miene ein Bremsbowdenzug vom Moped SR2. Oder: In einem erzgebirgischen Städtchen stehen Mopeds wochenlang in einer Verkaufsstelle. Sie werden nicht verkauft. Man fragt stattdessen nach der Jawa 350. Vergeblich. In einer Landgemeinde des Neubrandenburger Raums wiederum hat ein Verkaufsstellenleiter Kummer, weil die beiden Jawas in der Ecke einfach keine Interessenten finden. Mopeds bleiben dagegen Mangelware." Solche Streuungskomplikationen sind auch bei Ersatz- und Zubehörteilen an der Tagesordnung. Alltägliche sozialistische Handelspraxis!

Anzeichen für den Anfang vom Ende

Der Vertrieb von Neuwagen unterlag einem staatlich vorgegebenen Verteilerschlüssel. Daraus resultierten regional unterschiedliche Wartezeiten von der Bestellung bis zur Auslieferung eines Autos. Im Falle der Sonderimporte aus dem Westen gab es interne Order, sie möglichst keinem Anwärter zu verkaufen, bei dem anzunehmen war, dass er nur an einen sofortigen lukrativen Weiterverkauf des Autos dachte. Wie die praktische Umsetzung dieser Orientierung konkret vonstatten gehen sollte, wusste keiner zu sagen.

War ein Kaufvertrag für einen Pkw aus dem einmaligen Importkontingent unterschrieben, wurde das Fahrzeug umgehend ausgeliefert. Eine geradezu unfassbare Praxis des IFA-Vertriebs. Gefühlte Ewigkeiten weiterträumen von einem Neuwagen durften die Besteller eines Autos aus der überschaubaren Angebotspalette des volkseigenen Neuwagenhandels. Das schmale Sortiment blieb über viele Jahre hinweg weitgehend gleich.

Beim Abarbeiten der Auto-Bestellungen kam es zu riesigem Stau. Der Generaldirektor des IFA-Vertriebs räumte 1988 ein, dass es in der DDR 488.000 Pkw-Bestellungen gebe, im laufenden Jahr jedoch lediglich 146.000 Neuwagenanwärter auf die Auslieferung ihres vor vielen Jahren bestellten Autos hoffen dürften. Inoffiziell machten noch ganz andere Zahlen die Runde, nämlich dass es gegen Ende der DDR mehr als sechs Millionen Autobestellungen gegeben habe und mindestens 400.000 Pkws angesichts ihres Alters und desolaten Zustands auf der Stelle verschrottet werden müssten.

Farbe bekannte Ende 1988 auch die Hauptabteilung Straßenwesen des Ministeriums für Verkehrswesen in Sachen Straßenzustand, der sich von Jahr zu Jahr katastrophal verschlechtert hatte. Für Ostberliner Verkehrsjournalisten – so nannte sich unsere Zunft in der DDR – gab es zu diesem Zeitpunkt eine spezielle Informationsveranstaltung, in der uns unter anderem mitgeteilt wurde, dass eine einsturzgefährdete Autobahnbrücke im Zuge des Berliner Rings vermutlich gesperrt werden müsse. Für eine erforderliche Grundinstandsetzung fehle das Geld. Nahe der Ortschaft Rüdersdorf werde der Berliner Autobahnring

(A 10) in beiden Fahrtrichtungen unterbrochen. Vorgestellt wurde uns Journalisten eine bereits ausgearbeitete Umleitungsstrecke über Landstraßen. Die Lage angesichts des miserablen Zustands vieler Straßen in der DDR sei so ernst, hieß es in der Informationsveranstaltung, dass sich Fahrzeugführer damit abfinden müssten, auf besonders maroden Straßenabschnitten gegebenenfalls nur mit Schrittgeschwindigkeit fahren zu können.

Zum eingestimmten Abgesang der sozialistischen Wirtschaftsstrukturen passte, was der VEB Imperhandel, in der DDR der zuständige Betrieb für Pkw-Importe aus der damaligen Sowjetunion, den Lesern unserer Zeitschrift im Sommer 1989 offenbarte: Zehn Jahre nach Einstellung des Imports sei für einige Pkw-Modelle nun auch „das Ende der Versorgungspflicht mit Ersatzteilen" gekommen. Das betreffe die Pkw-Typen Moskwitsch 2140/2137, Saporoshez 968 und Polski-Fiat 125p. Für die Jahre 1989/90 sei lediglich noch „eine eingeschränkte Bereitstellung von Ersatzteilen aus Lagerbeständen möglich". Dabei wusste jeder, dass Pkw-Besitzer in der DDR ihr Gefährt auch schon mal zwanzig Jahre und länger am Leben erhalten mussten, weil sich die Aussicht auf ein Neufahrzeug immer weiter nach hinten verschob.

Warum unsere Testberichte immer lang waren

Testberichte widmeten wir nicht nur Kraftfahrzeugen. Hätten wir uns darauf beschränkt, wären uns sicher schnell die Testobjekte ausgegangen. Beurteilt haben wir auch Fahrräder, Caravanspiegel, Dachgepäckträger, Autoradios, Zündeinstellgeräte, Motorradzubehör. Ja sogar Vergaser! Mit Wohn- und Lastanhängern befassten wir uns ebenfalls näher. Nicht aber mit Wohnmobilen. Es gab keine in der DDR; von wenigen Eigenbauten abgesehen.

Besonders beliebt beim Leser waren Pkw-Testberichte, weil wir Fahrzeuge bis ins kleinste Detail per Text und Bild beschrieben. Wir wussten, der Leser erwartete möglichst viele technische Aussagen zum Fahrzeug, weil sie zur Informationsbasis für eventuell erforderliche Selbsthilfe bei Wartungs- und Reparaturarbeiten werden konnten. Einen Werkstatttermin dann zu bekommen, wenn man ihn dringend brauchte, galt landesweit als Glückstreffer. Werbende Autoprospekte und speziell auf einzelne Pkw-Modelle ausgerichtete informative Dokumentationen, wie sie heute als Sonderdrucke von Zeitschriften in Autohäusern ausliegen, gab es zu DDR-Zeiten nicht. Das Informationsdefizit versuchten wir mit einer sehr ausführlichen Beschreibung des Fahrzeugs wettzumachen. Fünf oder sechs Heftseiten in einer Ausgabe für einen Testbericht zu opfern, galt gewissermaßen als Standard, selbst wenn es „nur" um ein Zweirad ging. Den fünfseitigen Testbericht über den Lada Niva WAS 2121 in Heft 1/88 ergänzten beispielsweise 16 Abbildungen. Ein Gangdiagramm gehörte grundsätzlich dazu.

Neuer Wartburg 1.3: Ministerium redigiert mit

Die Finger im Spiel bei Veröffentlichungen hatte gelegentlich auch die Obrigkeit. Gut erinnere ich mich an die schwere Geburt des Beitrags zur Vorstellung des Wartburg 1.3 mit VW-Viertaktmotor auf sechs Seiten unserer Zeitschrift (Heft 9/88). Auf Weisung der Hauptabteilung Kraftverkehr im Ministeriums für Verkehrswesen bekamen wir den zu veröffentlichenden Text vom VEB Automobilwerk Eisenach; dazu 17 Abbildungen. Als Autoren wurden der Betriebsdirektor und der Direktor für Wissenschaft und Technik des Werkes genannt. Nachdem alle sechs Wartburg-Seiten von unserem freiberuflichen Grafiker gestaltet waren und wir die Korrekturfahnen in unseren Händen hielten, hatten wir das Ganze der Hauptverwaltung Kraftverkehr im Ministerium für Verkehrswesen vorzulegen.

Der Gang dorthin hat mich mehrfach beeindruckt. Wie zur Ankündigung dessen, was kommen würde, redete der Diensthabende in der Anmeldung jeden Besucher mit „Genosse" an. Vorab also schon ein wenig ideologisch ausgerichtet, erlebte ich beim Aufstieg in eine obere Etage eine andere Premiere: Zum ersten Mal wurde von mir jener große Schritt verlangt, mit dem man einen Paternoster zügig zu betreten hat. Der „Bürokratenbagger", wie der Volksmund witzelt, stammte offenbar noch aus jenen Zeiten, als in diesem Gebäude das Reichsluftfahrtministerium untergebracht war. Nach der Wende bezog in der geschichtsträchtigen Nummer 49 der Berliner Wilhelmstraße das Finanzministerium der Bundesrepublik Quartier. Den Paternoster gibt es dort wohl immer noch.

Nun also stand ich vor jenen zwei Genossen, die zum argumentativen Schlagabtausch in Sachen Wartburg-Text angetreten waren. Wie zu erwarten, gab es Einsprüche und Korrekturen. Sofort raus flog die vorgesehene Abbildung eines angedachten künftigen Armaturenbretts für den rundum modernisierten Wartburg 1.3. Das Argument der korrigierenden Genossen war entwaffnend. Man wisse ja gar nicht, ob die veränderte Cockpitgestaltung jemals in Serie gehen werde. Planwirtschaft ist eben eine unberechenbare Einrichtung. Die Hingabe, mit der die Ideologen ans Drechseln einzelner Formulierungen im Text gingen, machte deutlich, dass der Wartburg mit VW-Motor ein echtes Politikum war.

Allein mit dem Verkaufspreis dieses Autos befasste sich ein mehrseitiges regierungsamtliches Informationsblatt (November 1988, Nr. 252). Es war für die Medien bestimmt. Zu lesen war dort, dass die „Grundausführung" eines Wartburg 1.3 30.200 DDR-Mark kosten werde. Beim Vorgänger, also beim Zweitakt-Wartburg 353, waren es rund 23.000 Mark. Verglichen wurde der Preis des neuen Wartburg 1.3 im Informationsblatt mit dem Preis des frontgetriebenen Lada Samara (WAS 2108). Er war mit 32.875 DDR-Mark festgelegt worden. Die offizielle Argumentation: Der Motor des Samara habe den gleichen Hubraum wie der neue Wartburg, leiste zwar 7 PS mehr, sei aber weniger sparsam. Angaben zum Kraftstoffverbrauch des Samara gab es nicht. Dafür hieß es frohlockend, der neue Wartburg 1,3 mit VW-Motor komme durchschnittlich mit 6,8 l/100 km aus, während der Wartburg 353 mit Zweitaktmotor im Durchschnitt 9,2 Liter Kraftstoff auf 100 Kilometern verbrauche. Auf diese Weise – so die offizielle Hochrechnung im Info-Blatt – ließen sich fortan bei einer Fahrleistung von 10.000 Kilometern (auf Basis der damaligen Kraftstoffpreise in der DDR, d. A.) 286 DDR-Mark sparen; bei 150.000 Kilometern, der angenommenen Nutzungsdauer des Viertaktmotors, würde sich sogar eine finanzielle Ersparnis von 4.290 DDR-Mark ergeben.

Getestet haben wir den Wartburg 1.3 im Frühjahr 1989. Der von mir verfasste Testbericht beanspruchte sieben (!) Seiten der April-Ausgabe unserer Zeitschrift. Wie immer nutzte ich die Gelegenheit, auch die Funktion technischer Details zu beschreiben. Der Neue aus Eisenach hatte schließlich nicht allein einen Viertaktmotor bekommen. Neben dem Antriebsaggregat von VW standen – jahreszeitlich bedingt – Elemente der Wintertüchtigkeit, also Heizung und Belüftung, im Mittelpunkt des Tests.

Fazit am Ende meines Testberichts: „Mit dem Wartburg 1.3 hat das Eisenacher Automobilwerk – und die Kraftfahrzeug-Industrie der DDR allgemein – einen überzeugenden Schritt nach vorn gemacht. Das Auto gewinnt viel Sympathie dazu, indem sich nun zu seinem weiter verbesserten, traditionell sicheren Fahrwerk, dem guten Federungskomfort und Platzangebot ein ganz fabelhafter Motor gesellte, der voll da ist." Heute weiß ich: Urteile über Autos sind immer relativ. Mir fehlten Vergleiche.

Apropos Testwagen. Durchaus üblich war, dass nur ein einziger zur Verfügung gestellter Testwagen nacheinander die Runde bei jenen drei DDR-Zeitschriften machte, die Kraftfahrzeuge vorstellten und Tests veröffentlichten. Das waren „Der Deutsche Straßenverkehr", „Kraftfahrzeugtechnik" (KFT) und „Illustrierter Motorsport". Letzterer schaffte den Sprung in die Nachwendezeit nicht. Den kürzeren Draht zur Vergabe-Adresse des einen oder anderen begehrten Testobjekts, dazu gehörten auch Wohnanhänger, hatte offenbar die „KFT". Jedenfalls durfte diese Redaktion anstehende Testreigen öfter eröffnen. Dass sich die Vergabe von Testfahrzeugen an der Auflagenhöhe von Zeitschriften orientierte, galt in der DDR nicht. Vorrang verschafften persönliche Kontakte, gute Beziehungen zu den Entscheidern, wer immer das war. Wir fanden uns mit den Spielregeln ab. Es war eben so.

Früher Schlagabtausch mit der KFT

Manche Journalistenkollegen erklären sich die erstaunlich hohe Auflage der Zeitschrift „Der Deutsche Straßenverkehr" mit der fehlenden Zeitschriftenkonkurrenz in der DDR. Dass es die „Kraftfahrzeugtechnik" gab, wird dabei ausgeblendet. War die KFT Konkurrenz? – Sagen wir so: Das kollegiale Band zwischen beiden Redaktionen wies zeitweise dünne Stellen auf.

Die professionellen Techniker der KFT sprachen den Lesern unseres „Massenblatts" ganz offensichtlich die fachliche Kompetenz ab, sich etwa mit Vorschlägen zur Detailverbesserung des Trabant zu beschäftigen. Schon sehr früh, in Heft 11/1962, knöpfte sich die KFT explizit „die Schreiber um den Trabant" vor. Deren Wortmeldungen nähmen mittlerweile zunehmend Raum in Presseerzeugnissen ein, führte die Sparte der Fachleute in der „Kraftfahrzeugtechnik" Klage. Warum? Zitat: „Auch die lokalsten Tageszeitungen werden es inzwischen mitbekommen haben, dass sich mit Veröffentlichungen von Trabant-Verbesserungsvorschlägen die Auflage erheblich steigern lässt." Ein gezielter Schuss vor allem in Richtung unserer Zeitschrift, mit deren Auflage die KFT von Anfang an vergeblich mitzuhalten versuchte.

Mächtig holte die KFT aus: „Das Rauschen im Blätterwald, das mit dem Trabant entfacht wird, belastet nicht nur die Atmosphäre für wirklich nützliche Vorschläge ungünstig, sondern vermag unseren Kleinwagen auch beim Außenstehenden in Misskredit zu bringen. Manche Trabant-Käufer im Inland sind schon voreingenommen, bevor sich der Wagenschlag das erste Mal für sie öffnet."

Albern geht's weiter: „Nach dem Studium der sogenannten ‚Trabant-Literatur' müsste man fast annehmen, dass die Zwickauer Techniker das Fahrzeug bauen, um damit die Leute zu ärgern."

„Dass die Zwickauer vertrauen zu ihrem Erzeugnis haben", machte die KFT seinerzeit an einer Testwagen-Zusage fest. Ein Trabant werde der Redaktion „sogar für eine Erprobungsstrecke von 10.000 km" überlassen. Was sollte damit bewiesen werden? Dürfte zu diesem Zeitpunkt doch bereits eine ganze Schar von Trabant-Besitzern sehr viel mehr Kilometer zurückgelegt haben.

Probefahrt? – Ist nicht.

Knappe Fahrberichte auf der Grundlage einer flüchtigen Bekanntschaft mit einem Pkw oder Motorrad, wie sie heute von Zeitungen und
Zeitschriften veröffentlicht werden, konnten wir nicht verfassen. Weil
es an entsprechenden Gelegenheiten zu kurzen Probefahrten fehlte.
Filialen des IFA-Vertriebs räumten interessierten Autokäufern und
auch uns Motorjournalisten keine Probefahrten mit dem einen oder
anderen Fahrzeugmodell aus dem aktuellen Angebot ein. Solchen
Dienst am Kunden hatte der monopolistisch agierende „volkseigene"
IFA-Vertrieb nicht nötig. Ließen sich Neufahrzeuge aus dem überschaubaren IFA-Standardsortiment doch ohne jeden Werbeaufwand
an registrierte Besteller verteilen.

Was daraus folgte? –.Jeder, der beim staatlich gelenkten Ver-
triebsmonopolisten eine Pkw-Bestellung abgab, musste einfach ir-
gendwoher wissen oder wenigstens irgendwie vermuten, die richtige
Wahl getroffen zu haben. Die Ausführlichkeit unserer Testberichte
sollte ein wenig dazu beigetragen, dass sich Interessierte ein konkre-
tes Bild vom erwarteten Objekt ihrer bescheidenen Begierde machen
konnten.

Tempomessung auf Altdeutsch

Völlig unaufregend war, sich etwa mit der Motorleistung der Testfahrzeuge näher zu befassen. Selbst das Leistungspotenzial des „großen" Lada WAS 2103 fiel mit 77 PS doch eigentlich dürftig aus. Wie nicht anders zu erwarten, brachte der 1500er-Vierzylinder das relativ schwere Auto nur auf eine Höchstgeschwindigkeit um 155 km/h. Darüber lächeln Autofahrer heute. Im Grunde waren Geschwindigkeitsangaben in unseren Testberichten quer durchs Neuwagenangebot des IFA-Vertriebs überflüssig. Glück für uns. Die Redaktion verfügte gar nicht über moderne Messmittel, die präzise Angaben hätten bescheren können. Wir behalfen uns mit der Einfach-Methode, Höchstgeschwindigkeiten ausreichend genau – wie wir meinten – unter Ausnutzung der Kilometermarken entlang der Autobahn und Einsatz der Stoppuhr zu ermitteln.

Für nebensächlich hielten wir Angaben zur Höchstgeschwindigkeit letztlich schon deshalb, weil selbst auf DDR-Autobahnen maximal 100 km/h zulässig waren. Als Landstraßen-Limit galt Tempo 80. Bis zur weltweiten Ölkrise Anfang der 1970erjahre waren 90 km/h erlaubt. Als die Krise vorbei war, blieb es beim Tempolimit 80. Merke: Nie wird etwas wieder zurückgenommen, was ursprünglich einmal nur „vorübergehend" in Kraft treten sollte. Das gilt auch heute noch.

Im üblichen Standardangebot des IFA-Vertriebs gab es nicht einen einzigen Pkw mit Dieselmotor. Stattdessen behaupteten sich – der internationalen Praxis zum Trotz – Zweitakt-Motoren als Zwei- und Dreizylinder unter der Fronthaube von Trabant und Wartburg. Deren zäher Überlebenskampf währte tatsächlich bis zum Ende ihrer Tage nach der Wiedervereinigung Deutschlands.

Pflege merkwürdiger Traditionen

Ins Staunen versetzt heutzutage Redaktionen und Verlage die jahrzehntelange Pflege geradezu sensationeller Traditionen unserer Zeitschrift: „Der Deutsche Straßenverkehr", der sich dem Auto und dem motorisierten Zweirad widmete, kostete immer nur 1 Mark der DDR – seit seiner Gründung 1953 bis zum Jahre 1990, als die Stuttgarter Motorpresse die Zeitschrift übernahm und unter dem neuen Titel „Straßenverkehr AUTO" erscheinen ließ. Von da an ging es mit dem Heftpreis zügig nach oben.

Auch eine andere Tradition unserer Zeitschrift quittieren heute Berufskollegen aus den alten Bundesländern mit Kopfschütteln. Minimal war der Anzeigenanteil in jeder Ausgabe. Und über den freuten wir uns bei der monatlichen Heftplanung auch noch ehrlich. Mehr Raum für redaktionelle Beiträge war uns stets willkommen. Mit Anzeigen – es waren vorwiegend Kleinanzeigen von Lesern – verdiente „Der Deutsche Straßenverkehr" ohnehin nur bescheidenes Geld. Es war allein der Verkaufserlös der hohen Auflage, mit dem sich sogar vermeintlich gesellschaftspolitisch wichtige, aber höchst unrentable Zeitschriften des transpress-Verlages jahrelang am Leben erhalten ließen.

Ungewöhnlich letztlich auch das: „Der Deutsche Straßenverkehr" hatte in der Zeitungsliste der Post einen Sperrvermerk. Abonnent konnte nur jemand werden, wenn gerade ein Abo frei geworden war. Etwa auch wenn ein Abonnent starb. Im Freiverkauf war unsere Zeitschrift kaum zu bekommen. Offen lag „Der Deutsche Straßenverkehr" an Zeitungskiosken so gut wie nie aus. Waren ein paar Exemplare der aktuellen Ausgabe doch vorhanden, musste sich der Verkäufer – wenn er denn wollte! – nach den üblicherweise versteckt gelagerten Heften bücken. So erklärt sich der in der Planwirtschaft vom Volksmund geprägte Begriff „Bückware", also unterm Ladentisch Gehandeltes. Unsere Zeitschrift gehörte dazu.

Normalerweise ist es naheliegendes Geschäftsprinzip, bei offenkundigem Bedarf einfach mehr Zeitschriften zu drucken. In der Planwirtschaft bekamen Verlage das Druckpapier entsprechend der „gesellschaftlichen Bedeutung" ihrer Zeitungen und Zeitschriften zugeteilt. Unser Pech war, dass „Der Deutsche Straßenverkehr" bei seiner politischen Wertschätzung weniger gut weg kam. Glücklicherweise ließ sich aber die Rolle unserer Zeitschrift in Sachen Verkehrssicherheit ins Spiel bringen. Wenigstens damit konnten wir punkten. Und so bekamen auch wir hin und wieder eine bescheidene außerplanmäßige Papierzuteilung, die es möglich machte, die bereits stattliche Auflage in kleinen Schüben weiter zu erhöhen.

Anders als gehofft änderte sich am begrenzten Papierkontingent nichts Grundsätzliches, als unsere Zeitschrift vom Verlag DIE WIRTSCHAFT zum 1960 gegründeten Fachverlag transpress wechselte. Der Verlag für Verkehrswesen sollte sich in erster Linie der Verkehrsthemen annehmen. Der Verlagswechsel brachte einen Umzug mit sich. Unsere Redaktion zog vom Berliner Stadtbezirk Friedrichshain in die heute gern hervorgehobene „historische Mitte" Berlins, in ein Gebäude direkt am Gendarmenmarkt, in die Charlottenstraße 60. Heute findet man dort parterre ein Schokolodengeschäft und in der Etage darüber, in der unsere Redaktion bis zur Wende ihr Domizil hatte, ein Café. So ändern sich die Zeiten.

Hier ist eine Anmerkung fällig: Das historische Berliner Terrain mit Schauspielhaus, Deutschem und Französischem Dom gewann seine Attraktivität erst Jahre nach der Wiedervereinigung zurück, nachdem vor Ort Zug um Zug restauriert worden war.

Motortouristik im sozialistischen Kreisverkehr

Nicht alles drehte sich in unserer Zeitschrift um Technik. Natürlich gab es beispielsweise auch eine Rubrik „Touristik". Sie litt von vornherein unter der eingegrenzten Reisefreiheit der DDR-Bürger. Von Lesern verfasste Reiseberichte drehten sich immer und immer wieder nur um Touren in Richtung sozialistisches Ausland, per Moped oder Motorrad samt Zeltausrüstung, per Pkw auch häufig mit Wohnanhänger. Die Reiseländer waren immer dieselben. Von den beispielsweise 1981 veröffentlichten 21 Reiseberichten entfielen sieben auf Bulgarien, sechs auf Ungarn, fünf auf die Tschechoslowakei, zwei auf die DDR und einer auf die Sowjetunion. Von der Schilderung der Sibirien-Reise ließ sich ableiten, dass es sich um eine Dienstreise handelte.

Unerreichbar wie der Mond waren für DDR-Motortouristen westliche Reiseländer. Selbst von relativ nahen Zielen – etwa Italien, Spanien, Frankreich, Schweden oder Norwegen – konnten unsere Leser nur träumen. Bei der Planung von Reisen in die sozialistischen „Bruderländer" beschäftigten sich Motortouristen eigentlich mehr mit dem zur Verfügung stehenden begrenzten Betrag an Fremdwährung als mit dem Autoatlas. Galt doch zu berücksichtigen, dass pro Person nur eine bestimmte Summe Mark der DDR in tschechische Kronen, ungarische Forint, rumänische Lei oder bulgarische Lewa umgetauscht werden konnte. Motortouristen, die als Einzelperson starteten, waren von vornherein knapp bei Kasse. Gingen Kinder mit auf Reisen, fiel das Budget an Fremdwährung beruhigender aus.

Im Sommer 1979 erwarb ich beispielsweise vor Antritt einer Autoreise nach Ungarn bei einer Filiale der Staatsbank der DDR die üblichen Berechtigungsscheine zum Geldumtausch, bestimmt für zwei Erwachsene und zwei Kinder, gedacht für den Aufenthalt am Urlaubsort und für die Hin- und Rückfahrt. Auf jedem der acht Scheine war zu lesen: „Der Inhaber ist berechtigt, bei Transitreisen über die CSSR gegen Abgabe dieses Berechtigungsscheins einmal bis zu 32 Mark gegen Kcs umzutauschen." Damit niemand auf die Idee kam, solche Scheine über mehrere Jahre hinweg erst einmal zu sammeln, um bei einer späteren Reise finanziellen Spielraum zu haben, hieß es: „Der Berechtigungsschein verliert 4 Monate nach Ausstellung seine Gültigkeit."

Reisen mit dem eigenen Auto oder Motorrad ins sozialistische Ausland begleitete stets Sorge. War nämlich die erworbene Fremdwährung aufgebraucht, der Heimathafen aber noch nicht wieder erreicht, kreisten die Gedanken um die bange Frage, was dann, wenn noch einmal nachgetankt werden müsste oder – schlimmer noch – die Fahrzeugtechnik streikte? Ohne Berechtigungsschein war kein Geldumtausch möglich. Hotelübernachtungen schieden aus finanziellen Gründen von vornherein aus. Nur als Camper kamen Auto- und Motorradtouristen aus der DDR einigermaßen über die Runden. Und so war auf Campingplätzen öfter der Trabant mit einem originellen Dachzelt zu sehen. Oder am Haken hing der extra-leichte, nur knapp 400 kg wiegende, aber völlig unisolierte Wohnanhänger QEK aus glasfaserverstärktem Polyester. Bei feucht-kaltem Wetter wurde das Gehäuse innen schnell zur Tropfsteinhöhle.

Trabant „universal" (Kombi) mit Test-Wohnanhänger QEK auf Rumänientour.
Foto: privat

Als die ersten Exemplare dieses vom „Qualitäts- und Edelstahl-Kombinat" entwickelten Caravan-Leichtgewichts auftauchten, ging auch ich mit einem Testanhänger, gezogen vom eigenen Trabant 601 Kombi, für die Redaktion auf Erprobungstour. Dahinter verbarg sich also eine auf eigene Kosten bestrittene private Urlaubsreise. Ziel: Rumäniens Schwarzmeerküste.

Unterwegs sollten Eindrücke gesammelt werden, wie ein Trabant einen Wohnanhänger im Schlepp bewältigt. Eine Erkenntnis war schon bald nach dem Start gewonnen: Dem lediglich mit 26 PS motorisierten Zugwagen konnte nur selten der „große" vierte Gang angeboten werden. Die Zugkraft erwies sich bei dieser Übersetzung als ausgesprochen mau. Trotzdem siegte mein Ehrgeiz, das deutlich untermotorisierte Gespann über die rumänische Hochgebirgsstraße Transfagaras bis hinauf zu deren Gipfel in gut 2.000 Meter Höhe zu bringen. Vermutet hatte ich richtig: Dank des Kühlgebläses verlangte der kleine zweizylindrige Zweitakter auf dem steilen Weg nach oben keine einzige Verschnaufpause.

Schmunzelnd passierten wir zwei abgestellte Autos namhafter Marken, deren hochgeklappte Motorhaube signalisierte, dass offensichtlich eine Abkühlung ihrer wassergekühlten Motoren abgewartet werden musste.

Unsere Kühnheit, den Aufstieg mit 26 Zweitakt-PS zu wagen, schienen auch am Straßenrand auftauchende Braunbären zu bewundern. Jedenfalls bildeten wir uns das ein. Böses hatten die Petze offenbar nicht mit uns vor. Sie waren nur gewohnt, dass ihnen vorbeikommende Motortouristen Leckereien zuwarfen.

Damals führte die imposante rumänische Hochgebirgsroute noch über Schotter. Es ging irgendwie abenteuerlicher zu als heute. Längst präsentiert sich die serpentinenreiche Auffahrt geglättet. Dienstliche Reisen ins sozialistische Ausland waren für uns Redakteure nie vorgesehen, und Richtung Westen ging natürlich erst recht nichts. Durfte sich ein Leser ausnahmsweise dienstlich im „kapitalistischen Ausland" aufhalten, war guter Rat teuer, wenn er uns nach seiner Rückkehr einen Reisebericht zur Veröffentlichung anbot.

„Bärige" Begegnung im rumänischen Transfagaras-Hochgebirge. Foto: privat

Jeder, der gern einmal dorthin gereist wäre, hätte möglicherweise veröffentlichte Reiseerinnerungen als Provokation gewertet. Unsere Leser, glaubten wir, hätten bestenfalls Verständnis für Reiseberichte von Dienstreisenden, deren Aufgabe es war, Kraftfahrzeuge aus DDR-Produktion in westlichen Ländern zu erproben und deren Exportchancen auszuloten.

Bloß keine Reportage übers Lada-Werk!

Ein gewisses Reizpotenzial hatten sogar redaktionelle Texte, die sich Neuerscheinungen der internationalen Automobilbranche widmeten. Unter der Überschrift „Technik international" gaben wir regelmäßig knappe Einblicke ins Geschehen der Auto- und Motorradbranche. Diese Seiten, um die ich mich immer wieder gern kümmerte, hatten die Funktion eines Gucklochs, über das unseren Lesern wenigstens ein bisschen von dem vermittelt werden sollte, was in der westlichen Welt auf dem Gebiet des Auto- und Motorradbaus passierte. Längst hatten sich die Leser daran gewöhnt, dass für vorgestellte Neuerscheinungen gültig war: Nur gucken, nicht haben wollen!

Eine naheliegende Idee für Deutsche, nämlich die Internationale Automobilausstellung in Frankfurt selbst einmal zu besuchen, kam in der Redaktion gar nicht erst auf. Jeder wusste: „Go West" war auch für Redakteure absolut nicht drin.

Für abwegig hielt unser Chefredakteur schon, was ich ihm eines Tages aus aktuellem Anlass vorschlug. Ich war der Ansicht, wir sollten uns für eine Reportage einmal im großen, mit Fiat-Knowhow modernisierten Automobilwerk in Togliatti umsehen. Zudem stünde unserer Zeitschrift gut zu Gesicht, den gerade in Produktion gegangenen ersten Lada mit Frontantrieb, den Samara, vorzustellen. Sicher würde Gelegenheit sein, einen Fahreindruck vom neuen Lada-Modell zu gewinnen.

Verlegen machte mein Vorschlag den Genossen Chefredakteur ganz und gar nicht. Sofort hatte er ein Gegenargument parat, ein höchst albernes. Zu gab er, dass unsere Leser das gigantische Lada-Werk an der Wolga und natürlich auch das neue Frontantriebsmodell Samara beeindrucken würden. Sollten sich unsere Leser aber etwa im Wissen um den modernen Autobau an der Wolga über die primitive Art und Weise der Trabant-Fertigung in Zwickau noch lustiger machen als bisher schon? Mein Reportage-Vorschlag zum Thema Lada wurde für immer abgelegt.

Hierher gehört, auch eine andere Verweigerung zum Besten zu geben. Im damaligen Westberlin gab es traditionell die Berliner Auto-

ausstellung. Über die Bühne ging die AAA („Autos, Avus, Attraktio-
nen") nur wenige S-Bahn-Stationen vom Redaktionssitz entfernt. Allerdings war da die Mauer dazwischen. Unsere Verlagsoberen fanden
eine Verlegenheitslösung: Wir sollten die AAA einfach nicht zur Kennt-
nis nehmen.

Leserbriefe stapelweise

Ärgerliches beschäftigte immer wieder auch unsere Leser, ließ sie an uns schreiben. Eine Auswahl ihrer Zuschriften veröffentlichten wir regelmäßig auf der Leserbriefseite. Diese Seite und die Redaktionsadresse waren eine Art Kummerkasten, in dem Leser freimütig Probleme und Sorgen abluden; in der Hoffnung, dass wir in irgendeiner Form helfen könnten. Das Zählen eingehender Leserbriefe hatten wir längst aufgegeben. Auf unseren Schreibtischen wuchsen die Poststapel zu kleinen Türmen. Es schien von vornherein illusorisch zu sein, auf ausnahmslos jede Zuschrift antworten zu wollen. Letztlich musste sich unser kleines Redaktionsteam – anfangs drei, später bis zu sechs Kolleginnen und Kollegen plus Chefredakteur – darauf beschränken, lediglich aufs SOS solcher Leser zu reagieren, die eine schier ausweglose Situation schilderten. Fast immer ging es bei Hilferufen darum, dass sich ein dringend benötigtes Auto- oder Motorradersatzteil einfach nicht beschaffen ließ, der tägliche Weg zur Arbeitsstelle aber wirklich nur mit dem eigenen Fahrzeug zu bewältigen war. In Einzelfällen vollbrachten gezielte Bemühungen der Redaktion sozialistische Wunder.

Humoriges Augenzwinkern von Harry Berein

Die letzte Umschlagseite einer jeden Ausgabe war dem Humor vorbehalten, jedenfalls meistens. Von Anfang an – seit Gründung der Zeitschrift im Jahr 1953 – gestaltete der Berliner Pressezeichner und Karikaturist Harry Berein diese Seite. Seine Zeichnungen lebten von Witz und liebenswerten Figuren.

Nachempfundenes von unserem Karikaturisten Harry Berein: „Sie wird Euch bei der Beantwortung der Leserbriefe unterstützen!"   *Foto: Archiv*

Die Konturen des schönen Geschlechts präsentierte unser Harry mit besonders sympathisch-kessem Strich. Nie gingen ihm die Ideen aus, wie sich mit Humor augenzwinkernd Botschaften übermitteln ließen. „Der Deutsche Straßenverkehr" war auch Harrys Zeitschrift, ihre Beliebtheit prägte er mit. Nicht wenige Leser warfen immer erst einmal einen Blick auf die letzte Seite, ehe sie in der neuen Ausgabe blätterten. Im Heft 8/89 begegneten die Leser Bereins Zeichnungen ein letztes Mal. Er hatte sie „Alpträumen" rund um die Paragrafen der StVO gewidmet. Harry Berein starb, 79-jährig, im Juni 1989.

Recherchieren … organisieren …

Als Ende 1989 das vom Mangel beherrschte Gebilde DDR anfing, gänzlich zu zerbröseln, waren alle in der Redaktion, sogar die Ideologen, einer Meinung. Nämlich dass es in Politik und Wirtschaft grundlegende Veränderungen geben müsse. Bewahren wollten wir die Beliebtheit unserer Zeitschrift und die Verbundenheit mit unseren vielen Lesern. Themen, die sie bewegten, sollte auch weiterhin unser journalistischer Einsatz gelten.

Klar war, dass nach dem Fall der Mauer Leser und Redaktion viel Neues beschäftigen würde. Bei unseren Lesern wurde vor allem die Erwartung geweckt, endlich einmal in ein Auto ihrer Wahl steigen zu können. Ohne jahrelange Wartezeit. Was kommen musste, kam nach dem Mauerfall gewissermaßen über Nacht. Die bundesdeutschen Gebrauchtwagenhändler wurden regelrecht überrannt. Zunächst allerdings vor allem mehr von „Sehleuten" als von Käufern. Erst als die D-Mark in jedermanns Tasche war, kamen die Sternstunden fürs Geschäft der Gebrauchtwagenhändler. Endlich wurden sie auch betagte Autos los, denen vorher niemand auch nur einen flüchtigen Blick geschenkt hätte.

Davon ausgehen konnte die Redaktion, dass wir uns fortan wahrscheinlich nicht mehr für ganz profane Dinge einzusetzen brauchten; etwa für zweckmäßige Bekleidung für Motorradfahrer. Auch die fehlte ja seit Jahrzehnten, obwohl es in der DDR laut Statistik nahezu drei Millionen motorisierte Zweiräder gab. Spärlich angebotene Fahreranzüge, Stiefel, Helme, Handschuhe und Motorradbrillen waren einfach nicht das, was sich Motorradfahrer wünschten, was sie zu ihrer Sicherheit brauchten. Die wiederholten kritischen Beiträge unserer Zeitschrift zu diesem Thema brachten lediglich bescheidene Teilerfolge. Zuletzt fand unsere harsche Kritik sogar Eingang in einen Beschluss des Ministerrats zum Verkehrssicherheitsprogramm, in dem es hieß, „die Zweckmäßigkeit sicherheitsbetonter und verletzungsmindernder Bekleidung (für Motorradfahrer, d. A.) ist zu popularisieren". Typisches rhetorisches Genossen-Pathos! Ums Popularisieren ging es nicht, sondern ums Produzieren.

Mitunter kann journalistisches Engagement, persönlicher Einsatz für eine gute Sache, eine freundliche Laudatio einbringen. In einem Schreiben des Motorsportclubs Wismar im ADMV (Allgemeiner Deutscher Motorsportverband) an die Redaktion, das sich mit der vielfältigen Benachteiligung der Motorradfahrer in der DDR befasste, hieß es am Schluss: „Wir möchten Sportfreund Wolfram Riedel ein großes Dankeschön sagen für seinen Mut und sein Engagement für die Motorradfahrer. Wenn er nicht immer so viel Einsatz zeigen würde, wäre es um die Angelegenheiten der Motorradfahrer schlecht be-stellt." – Über ein solches Echo darf man sich freuen, denke ich.

Karriereleiter mit fehlenden Sprossen

Als die Mauer fiel, konnte ich auf fast drei Jahrzehnte journalistischer Tätigkeit in der Redaktion „Der Deutsche Straßenverkehr" zurückblicken. Seit vielen Jahren verantwortete ich das Ressort Fahrzeuge. Meiner beruflichen Karriereleiter fehlten aber offensichtlich ein paar Sprossen. Es dauerte 25 Jahre, bis die Verlagsleitung mich, den notorisch Parteilosen, Mitte der 1980erjahre zum Stellvertretenden Chefredakteur machte. Das Amt selbst hatte wenig Reiz für mich, die höhere Lohngruppe durchaus. Fiel das Gehalt eines Redakteurs doch nicht gerade üppig aus. Wohl deshalb gestattete die Verlagsleitung uns festangestellten Redakteuren, journalistisch auf Honorarbasis für andere Medien tätig zu sein. Natürlich schrieb ich auch Beiträge fürs hauseigene „MOTOR-JAHR" des transpress-Verlages, das als eine „internationale Revue" verstanden werden wollte. Mein Thema war auch hier vor allem das Motorrad.

Seinerzeit gab transpress eine Ratgeber-Reihe heraus, die sich dem Trabant, dem Wartburg und anderen Pkws widmete, die das Straßenbild in der DDR prägten („Ich fahre einen …"). Dass das Motorrad links liegen gelassen wurde, motivierte mich schließlich, selbst einen entsprechenden Ratgeber zu konzipieren. Als Koautoren gewann ich einen Mitarbeiter der Werbeabteilung des Motorradwerkes Zschopau. 1990 konnten wir den „MZ-Ratgeber" einer ersten Auflage in der Hand halten. Jahre später, 1996, gab der Stuttgarter Schrader-Verlag unter dem Titel „Ich fahre eine MZ" einen kompletten Nachdruck des wiederholt aktualisierten Ratgebers heraus.

Eine Erkenntnis stellte sich schon bald ein: Buchautoren müssen schreiben, nicht aber auch noch verdienen wollen. Als wenig lukrativ erwiesen sich auch gelegentliche Auftritte als Gesprächspartner beim Rundfunk und Fernsehen der DDR.

Für den Posten des Chefredakteurs, besser bezahlt, war das Parteiabzeichen am Revers Voraussetzung. Verabschiedete sich ein SED-Genosse aus diesem Amt, wurde uns wieder ein neuer Ideologe vorgesetzt. Ahnung vom Thema brauchte die Führungskraft nicht zu haben. Es gab sogar einmal einen Chefredakteur ohne Führerschein. Zu Auswärtsterminen musste der verdiente Altgenosse eben von einem Kollegen chauffiert werden. Mit dem Dienstwagen der Redaktion, der zum mehr als bescheidenen Fuhrpark des Verlages für Verkehrswesen gehörte.

Von der Handvoll Pkws, die den Fuhrpark des Verkehrsverlags der DDR bildeten, konnte sich ein Bild machen, wer zufällig sah, mit welchem Gefährt der Kaufmännische Leiter von transpress gelegentlich auf Dienstreise ging. Er setzte sich hinters Lenkrad eines P 70. Das war jener im VEB Automobilwerk Zwickau gebaute Nachfahre des Oldie IFA F8, der wiederum als Ableger der einstigen DKW-F-Serie vom Anfang der 1930er-Jahre galt. Mancher Zeitgenosse wird sich daran erinnern, dass die Autos dieser DKW-Serie eine mit Kunstleder bezogene Sperrholzkarosserie hatten. Beim P 70 wurde erstmalig das Experiment einer Duroplastbeplankung gewagt, was ihn technologisch zum Vorreiter des Trabant machte. Eindruck schinden konnten weder die Erscheinung noch das motorische Potenzial eines P 70. Sein wassergekühlter 700-ccm-Zweizylinder-Zweitakter brachte es gerade mal auf 22 PS.

Unserer Redaktion standen als Dienstwagen im Laufe der Jahre nacheinander höchst unterschiedliche Autos zur Verfügung: Mal war es ein zweitaktender Wartburg, mal ein heckgetriebener Skoda 1000 MB, zuletzt ein Lada 2103. Die Qual der Wahl hatten weder Redaktion noch Verlag. Dienstwagen waren Zuteilungsware, über die staatliche Stellen entschieden. Mit dem bewilligten monatlichen Kraftstoffkontingent für den Dienstwagen und die Testfahrzeuge ließen sich von vornherein keine großen Reisesprünge machen. – Mein Gott, was waren wir bescheiden dran!

Wendezeit: Alle wollen was von uns

Nach dem Fall der Mauer geriet auch „Der Deutsche Straßenverkehr" samt redaktioneller Besatzung in die „Wendemühlen". Abgesandte bundesdeutscher Autoblätter gaben sich in unseren Redaktionsräumen die Klinke in die Hand. Sie alle wollten etwas für uns bis dato völlig Fremdes machen, ein Jointventure. Was genau das bedeutete, konnten wir Ossis nicht wissen. Spontan checken ließ sich immerhin bei jedem einzelnen Besucher der Hintergrund seines Interesses: Ganz offensichtlich war die vergleichsweise riesige Auflage unserer Zeitschrift – zuletzt mehr als 600.000 Exemplare – ausgesprochene Lockspeise für regen Besucherverkehr in den Redaktionsräumen. Nicht minder begehrlich schien der hohe Prozentsatz fester Abonnenten zu sein. Vorteile von einer Zusammenarbeit mit uns versprachen sich unter anderem die Redaktionen der „ADAC Motorwelt", der „AUTO Bild" und das Stuttgarter Motor-Presse-Imperium rund um „auto, motor und sport", das „führende Fachmagazin Europas". Am Ende waren sie es, die schwäbischen Rechenkünstler, die mit der Verlagsleitung des VEB transpress Verlag für Verkehrswesen geschäftlich übereinkamen und unsere Zeitschrift unter ihre Fittiche nahmen. Dass es die Stuttgarter waren, die den Zuschlag erhielten, dürfte nicht zum persönlichen Nachteil der „volkseigenen" Verhandlungspartner aus der Chefetage des transpress-Verlages gewesen sein. Hat das eingefädelte Jointventure „T&M Verlagsgesellschaft mbH" allein freundschaftlicher Händedruck besiegelt?

„Aussortiert" von der Passkontrolle

Als im März 1990 der alljährliche Genfer Automobilsalon anstand, konnte ich zum ersten Mal von der Reisefreiheit eines Noch-DDR-Bürgers Gebrauch machen. Der Tag der wiedergewonnenen staatlichen Einheit Deutschlands folgte ja erst ein halbes Jahr später, am 3. Oktober 1990. Betreut wurde ich bei meinem frühen Ausflug in die Schweiz von einem Stuttgarter Kollegen, der im Motor Presse Verlag als Chefredakteur und Herausgeber fungierte. Ein Multifunktionär. Schon ab Ausgabe 3/90 unserer Zeitschrift wurde er in deren Impressum auch noch als zusätzlicher Chefredakteur ausgewiesen. Von nun an hatten wir also zwei Chefs. Eine Doppelspitze! Vermutlich eine nicht schlecht bezahlte.

Bereits ab Ausgabe 4/90 bekam „Der Deutsche Straßenverkehr" einen neuen Titel: „AUTO Straßenverkehr". Die Worte „Der Deutsche" fehlten zwar nicht, aber sie fielen derart winzig aus, dass sie gar nicht wahrgenommen wurden. Später verschwand der Zusatz ganz. Selbst die Erfinder der eigenartigen Titelkonstruktion „AUTO Straßenverkehr" sind vermutlich nicht stolz auf ihren Einfall. Die offensichtliche Vorgabe, den Begriff „Straßenverkehr" aus rechtlichen Gründen im Titel weiter zu verwenden, gab wenig Gestaltungsspielraum her.

Tage vor meiner Reise nach Genf war ich zum Verlagsleiter des noch existierenden VEB transpress gerufen worden. Er übergab mir 40 (!) DM Reisegeld, also wertstabile Westmark, mit der Bemerkung, in der Schweiz sei alles ja teuer. Richtig! Das Geld sollte für einen dreitägigen Aufenthalt in Genf ausreichen. Doch schon nach dem Bezahlen des Taxis, das mich vom Genfer Flughafen ins Hotel brachte, besaß ich nur noch 25 DM. Ein höchst unangenehmes Gefühl, im Ausland ohne Geld zu sein. Ich kannte das von meinen Urlaubsreisen ins "sozialistische Ausland". Eine EC- oder Kreditkarte besaß ich ja nicht. Noch war ich DDR-Bürger. Am nächten Tag beichtete ich meine peinliche Situation dem persönlichen Reiseleiter, meinem neuen Chefredakteur. Der griff spontan ins Portemonnaie und half mir mit 200 DM aus der Patsche. Ich war gerettet.

Bei der Einreise auf dem Geneve Aeroport hätte mir vermutlich auch mein Betreuer nicht helfen können. War ich doch von den schweizerischen Passkontrolleuren aus dem Schwall Ankommender erst einmal aussortiert und zurückgehalten worden. Am Ende ließ man mich kommentarlos gehen. Hatten die Eidgenossen etwa ein erstes Mal einen DDR-Reisepass aus der Nähe gesehen?

Die Polo-Frage

Am geselligen Eröffnungsabend des Genfer Autosalons, der Aussteller und Medienvertreter zusammenbrachte, für mich ein erstes beeindruckendes Erlebnis, führte mich mein Betreuer schnurstracks an einen der Tische des VW-Konzerns. Und schon bald drehte sich das Gespräch zwischen dem damaligen VW-Chef und mir um ein interessantes Thema. Wie ich es denn fände, wenn in Sachsen in einem neuen Werk der VW Polo gebaut werde. Meine Antwort fiel offenbar anders aus als erwartet. Keck warf ich ein: „Warum einen Polo und keinen Golf?" Der sei doch noch begehrlicher als ein Kleinwagen von VW. Die Leute wollten schließlich nach jahrzehntelanger Trabant-Diät endlich einmal in ein größeres Auto steigen. Die alsbald gegründete Volkswagen Sachsen GmbH bewies überzeugend, dass sie sehr viel mehr als einen Polo bauen kann.

Vom Glanz des Genfer Automobilsalons ist geblendet, wer ihn zum ersten Mal besucht. Die übersichtliche Kompaktheit des Salons hat etwas Imposantes. Nicht alle Automessen präsentieren sich mit vergleichbarem Flair. Andernorts sind die Stände mit den Exponaten der einzelnen Automarken auf mehrere Hallen verteilt. Bei Messen der weiten Wege kann – wie ich bald selbst zu spüren bekam – häufiger Ortswechsel etwa für verabredete Interviews den Puls erheblich beschleunigen. Auch bei der weltgrößten Automesse, der IAA in Frankfurt/M, sind die Exponate in mehreren Hallen verstreut. Auf dem weiträumigen Messeterrain gibt es aber zumindest an den Pressetagen einen gut funktionierenden Shuttle-Service.

Automobilsalons und Pressetage

Üblicherweise haben internationale Automessen zwei Pressetage. Mit ihnen werden die Shows quasi eröffnet. Zutritt haben an diesen Tagen ausschließlich akkreditierte Medienvertreter. Vor allem Kameraleute und Fotografen profitieren davon, dass die Exponate noch nicht ständig von Menschenmassen umringt werden. Sobald jedermann Zutritt hat, ist es vorbei. Dann werden aus nächster Nähe permanent unzählige kleine Digitalkameras, Smartphones und Fotohandys auf die Exponate gerichtet. Ergebnis: Jeder steht jedem im Wege.

Die beiden Starttage sind auch die Tage der Pressekonferenzen auf den einzelnen Markenständen. Das kann Stress für jene Journalisten bedeuten, die zeitnah vom Geschehen auf der Messe berichten und absolut nichts verpassen möchten. Obwohl der Beginn der einzelnen Konferenzen zeitlich gestaffelt ist, gerät der Ablaufplan schon bald nach dem morgendlichen Start der ersten zwei, drei Präsentationen aus dem Ruder. Weil anberaumte Pressekonferenzen immer länger dauern als geplant. Eine einmal eingetreten Verzögerung wird dann von Stand zu Stand weitergegeben. Und so verflüchtigt sich nach und nach auch journalistischer Ehrgeiz, möglichst bei den Pressekonferenzen aller Automarken dabei zu sein.

Es interessieren sich aber nicht nur Journalisten für die Messeexponate. Immer gibt es auch jene Emsigen, die – mit Fotoapparat, Maßband und Notizblock bewaffnet – offenbar den Auftrag haben, jedes Detail ausgewählter Ausstellungsstücke genauestens unter die Lupe zu nehmen und Entdecktes zu protokollieren. Die Spionierer kriechen unter Autos, um deren Fahrwerke genau zu inspizieren, stecken den Kopf in Motorräume und machen Sitzproben, um danach die gewonnenen Erkenntnisse und ermittelten Maße auf vorbereiteten Formularen festzuhalten. Auffälliger kann „Abkupfern" im Auftrag konkurrierender Automobilmarken nicht vonstatten gehen. In den 1990er-Jahren waren mit dem Ausspähen vor allem koreanische Kundschafter beschäftigt. Inzwischen ist kostenloses Schlaumachen offenbar vor allem zur Leidenschaft von Spähern chinesischer Autohersteller geworden.

Nachsitzen in Stuttgart

Ab Frühjahr 1990 lag das Schicksal unsere Zeitschrift nun also in den Händen der Motor Presse. An den neuen Führungsanspruch der Stuttgarter mussten wir uns gewöhnen. Einfach war das nicht, denn die neuen Chefs verfielen auch in ausgemachte Albernheiten. Dazu gehörte, uns im Hauptquartier der Motorpresse, im Stuttgarter Verlagshaus, das kleine Einmaleins des Zeitungmachens beibringen zu wollen. Beispielsweise hieß es gleich in der ersten Schulstunde, jeder Beitrag in der Zeitschrift müsse unbedingt eine knappe, zündende Überschrift bekommen. Auf solche Idee wären wir nie von allein gekommen!

An der Tafel gab es dazu gleich Fallbeispiele, über die diskutiert werden sollte. Eigens zu solcher denkwürdigen Unterweisung in Stuttgart wurden wir Ossis eingeflogen, per PanAm. Für die Lufthansa war zu diesem Zeitpunkt laut alliiertem Recht jeder Berlinverkehr noch tabu. Übers Nachsitz-Programm in der Stuttgarter Zentrale der Motorpresse lästerten wir heftig. Uns, die wir fast drei Jahrzehnte lang eine erfolgreiche Zeitschrift gestaltet hatten, sollte erst noch das kleine ABC des Journalismus beigebracht werden.

Amüsantes passierte. Einmal, ich erinnere mich gut, öffnete sich während einer der Nachhilfestunden im halb abgedunkelten Schulungskabinett – mit grellem Spotlight Richtung Tafel – einen Spalt weit die Eingangstür, und ein durchgeschobener Kopf wandte sich fragend an den Referenten: „Entschuldigung, Kollege, haben wir heute Besuch aus dem Osten?" – Rückfrage des Referenten: „Wieso?" – „Ich frage nur, weil da vorhin ein paar Gestalten irgendwie verunsichert vor unserem Fahrstuhl standen." Na klar doch, das waren wir! – Eine golden glänzende, weil eloxierte Fahrstuhltür hatten wir nie zuvor gesehen.

Kündigung! Ganz freiwillig

Die seltsame Umarmung von uns Journalistenkollegen aus der noch existierenden DDR mutete an wie eine kränkende Gehhilfe im gestarteten Jointventure. Für mich war die allseits spürbare Bevormundung Grund, meinen Posten als stellvertretender Chefredakteur aufzugeben. Ich kündigte. Die Redaktionsweichen stellten inzwischen ja andere. Fortan hatte sich „Der Deutsche Straßenverkehr" nach Stuttgarter Vorstellungen zu präsentieren. Dass mich meine Kündigung vermutlich um eine beachtliche Abfindung brachte, die angesichts meiner fast drei Jahrzehnte andauernden Festanstellung bei transpress wohl fällig gewesen wäre, verinnerlichte ich erst später. Den Begriff „Abfindung" samt finanziellem Hintergrund gab es im Arbeitsalltag der DDR nicht. Pech gehabt!

Zum beschleunigenden Treibsatz für meine Kündigung zählte nicht zuletzt eine Erkenntnis, die sich in meinem journalistischen Erfahrungsschatz einbrannte. Das kam so: Mein erster „West-Testwagen" war ein Citroën AX, Jahrgang 1990. Klein fängt man an, dachte ich. Während der Testzeit erkundigte sich ein Kollege aus der Stuttgarter Führungsetage beiläufig bei mir, wie weit ich denn mit dem Testbericht gekommen sei. Erfahrungen, sagte ich, hätte ich inzwischen ausreichend gesammelt, es fehlten nur noch die genauen Messwerte. Wusste ich doch, dass man im Hause von „auto, motor und sport" Testberichte mit exakten Messergebnissen anzureichern pflegte. Ich erinnerte mich an die Rubrik „So testet ams", in der eingesetzte Messgeräte – Lichtschranke usw. – vorgestellt wurden.

Einigermaßen irritieren musste mich, was mir mein Gesprächspartner empfahl. Ich solle doch für meinen AX einfach die Messwerte jenes AX übernehmen, den „ams" kurze Zeit vorher getestet hatte. Diesen Testbericht kannte ich, hatte ihn mir sogar aufgehoben. Zu bedenken gab ich, dass eine Übernahme der Daten schlecht ginge, weil sich die beiden Testwagen wesentlich unterschieden, nicht nur motorisch. Ach, ich solle mir keine Gedanken machen. „Irgendwie" werde man das schon hinkriegen ...

Ein Ford Scorpio knüpft Kontakte

Dass meinem entschlossenen Start als Freiberufler schon bald wieder eine Festanstellung folgen sollte, verdanke ich den Ford-Werken Köln. Deren Presseabteilung nutzte Anfang 1990 die historisch einmalige Gelegenheit zu einer mental berührenden Premiere, zur ersten gesamtdeutschen Fahrzeugvorstellung mit Journalisten aus der Bundesrepublik und der Noch-DDR. Autotechnisches Thema war der aktuelle Ford Scorpio mit Stufenheck, Fords Limousine der oberen Mittelklasse.

Als gesamtdeutschen Treffpunkt hatte Ford den Flughafen Berlin-Tegel gewählt. Für mich sogleich eine erste Begegnung mit internationaler Flughafen-Atmosphäre. Ein sehr beeindruckendes, aber auch nerviges Erlebnis. Denn lange, sehr lange suchte ich vergebens nach einer Möglichkeit, mein Auto irgendwo abzustellen. Parkverbote überall. Eines der ausgewiesenen Parkhäuser des Flughafens zu benutzen, verbot sich aus meiner Sicht. Vor der späteren Ausfahrt hätte ich den Kassenautomaten ja mit DM füttern müssen. Die D-Mark aber war in meinem Portemonnaie noch nicht angekommen.

Das Problem löste ein Ford-Mitarbeiter, der meine Dauerschleifen-Suchfahrt nach einer Parkmöglichkeit bemerkt hatte. Er ermutigte mich, einfach in ein Parkhaus einzufahren. Ford halte für seine Gäste selbstverständlich Ausfahrtickets bereit. Heute weiß ich, dass solcher Ticketservice üblich ist, wenn Automobilmarken zu Fahrzeugpräsentationen mit Fluganbindung einladen.

Die Testfahrt mit dem Ford Scorpio führte vom Flughafen Tegel nach Wittenberg und zurück. Eigentlich sei ich, ein Ossi, es doch, meinten umstehende Kollegen, der sich zuerst ans Steuer eines Testwagens setzen sollte. Schließlich sei ich im Berliner Raum zu Hause und fände entsprechend zügig aus der Stadt heraus. Dass ich seit 1961 hinter der Mauer in Ostberlin lebte und keine Ahnung hatte, wie es am Funkturm vorbei über die Avus in Richtung Wittenberg geht, hatten die Westkollegen in diesem Moment nicht verinnerlicht.

Rasch fand sich ein Kollege, der bekannte, in Westberlin nicht zum ersten Mal zu sein. Dementsprechend flott ging er die Tour nach Wittenberg auch an. Als dort später die Rückfahrt anstand, wurde ich gedrängt, nun aber endlich selbst einmal ein Westauto zu fahren. Na, das werde ich ja wohl locker schaffen, dachte ich und nahm entschlossen hinterm Lenkrad des Scorpio Platz. Offenbar wollte mir das Auto schon nach hundert Metern demonstrieren, dass meine Lehrjahre als Motorjournalist noch nicht vorbei seien. Beim ersten anstehenden Bremsmanöver vergaß ich, in einem Auto mit Automatik zu sitzen. Reflexartig trat mein linker Fuß aufs vermeintliche Kupplungspedal und erwischte prompt die Bremse. Die abrupte Fahrtverzögerung quittierten meine Mitfahrer amüsiert. Mir blieb die Peinlichkeit. Zum Glück gab es bis zum Fahrziel, dem Flughafen Tegel, ausreichend Gelegenheit für mich, meine Lernfähigkeit zu demonstrieren.

Von nun an wurden gesamtdeutsche Presseveranstaltungen von Automobilherstellern und Importeuren zu regelmäßigen Begegnungen von Journalisten aus West und Ost. Und solche Gelegenheiten nutzten Abgesandte westdeutscher Redaktionen gern, um in den Zeiten umfangreicher Veränderungen Journalisten mit Ost-Vita an die Angel zu bekommen. Quasi über Nacht wurde der Osten das interessanteste Terrain für westdeutsche Medien.

So kam es, dass ich eines Tages aufgefordert wurde, einmal „einen Trabant-Beitrag" für einen Branchendienst zu verfassen. Am Thema Trabant arbeitete sich offenbar jeder Journalistenkollege, jede Redaktion aus den alten Bundesländern leidenschaftlich ab. Hätte ich damals geahnt, welcher Unsinn mitunter verbreitet werden würde, wäre ich den Kollegen bei der Wahrheitsfindung gern behilflich gewesen.

In meinem Beitrag schilderte ich die mühsamen Versuche, bei der Überführung eines Trabant von Berlin nach Köln nicht auch noch die Trucker in der rechten Autobahnspur gegen den schleichenden Neuankömmling aufzubringen. Als ausgesprochen schwierig erwies sich jedenfalls, den mit mickrigen 26 PS befeuerten Trabant flott in Fahrzeugströme zu integrieren.

Trabant-Märchenstunde

Erstaunliches Beharrungsvermögen hat das sicher bekannteste Trabant-Märchen. Erzählt wird es wohl noch in zwanzig Jahren. Solche Vermutung liegt irgendwie nahe. Denn selbst noch in ihrem „Prämienangebot fürs Jahr 2015" empfahl die Lufthansa Berlin-Besuchern eine „Trabant-Safari Tour mit den bunten Pappflitzern".

Frage: Hat der Texter dieser gepriesenen Verlockung für Lufthansa-Kunden jemals in einem solchen „Pappflitzer" gesessen? Sicher nicht. Es ist doch zu komisch: Alle, die sich über das „Pappauto" lustig machen, räumen ihm allesamt eine Tugend ein, die es überhaupt nicht hat. Alle Schwärmer sind sich offenbar einig, dass ein Trabant nicht roste. Weil seine Karosserie aus Kunststoff bestehe. Ach du meine Güte! Das einzige Kompliment, das dem Trabant zugestanden wird, geht auch noch voll daneben!

Wahr ist: Das vermeintliche Plastauto hat selbstverständlich ein solides Stahlblechgerippe, das mit Duroplastteilen lediglich verkleidet wird. Die verdeckten Blechteile rosten. Prächtig sogar. Bemerkt wird das meistens erst, wenn etwa eine vorsorgliche Versiegelung des tragenden Stahlblechskeletts vorgenommen werden soll. Kundige Besitzer eines Trabant beugten zu DDR-Zeiten vor und konservierten besonders rostanfällige Stahlblechpartien mit Elaskon, einem dickflüssigen Korrosionsschutzmittel. Eine im Handel angebotene Kippvorrichtung (die es auch für andere Pkw-Modelle gab) machte sogar den Unterboden eines Trabant für derartige Pflegearbeiten gut zugänglich.

Damit dass Märchen vom Plastik- oder Pappflitzer nicht ewig weiter kursiert, an dieser Stelle ein paar aufklärende Angaben: Jeder Trabant besteht immerhin aus 220 verschiedenen Blechteilen. Zum Zusammenfügen des Metallgerippes wurden 4.172 Schweißpunkte gesetzt. In jedem Trabant stecken 260 kg Walzstahl, und für die Duroplastbeplankung wurden pro Auto 57 kg Vlies verpresst.

Wechsel zum „Gefälligkeitsjournalismus"

Unter der Regie der Motorpresse Stuttgart bekam „Der Deutsche Straßenverkehr" ein anderes, ein moderneres Outfit. Das tat ihm gut. Aber es passierte auch etwas, was keine Überraschung war: Die vergleichsweise Riesenauflage, zuletzt – noch mal erwähnt – über 600.000 Exemplare, ließ sich nicht annähernd halten, nachdem die Zeitschrift unter dem neuen Titel „AUTO Straßenverkehr" in Konkurrenz mit anderen etablierten deutschen Auto- und Motorradzeitschriften zu bestehen hatte. Inhaltlich musste sie sich anders ausrichten. Das Thema Motorrad überließ man nun anderen. Auch Anleitungen zur Selbsthilfe, über all die DDR-Jahre hinweg wichtigstes Leitmotiv unserer journalistischen Arbeit, verloren ihre Bedeutung. Selbst Hand anlegen brauchen Fahrzeugbesitzer eben nicht, wenn es Fachwerkstätten gibt, die auf Kundschaft warten.

Nach Aufkündigung der Festanstellung bei „meiner" nun von der Stuttgarter Motorpresse gelenkten Zeitschrift musste ich erst einmal begreifen, dass der Status eines freiberuflich arbeitenden Motorjournalisten ziemlich unsicheren Broterwerb bedeutet, solange es nicht zu verbindlichen Verabredungen mit Redaktionen kommt. Und so sagte ich ohne langes Überlegen zu, als mir die Festanstellung bei einem wöchentlich erscheinenden Branchendienst angeboten wurde, der sich dem Thema „Auto" widmete.

Diesem Dienst ging der Ruf voraus, das Geschehen in der Autobranche mit besonders kritischen Beiträgen zu begleiten. Dass das pauschal gar nicht zutraf, bekam ich bald mit. Zwar wurde ab und zu „durchgeladen", einem Unternehmen Ärger bereitet oder einer Einzelperson auf die Füße getreten, im Grunde aber überwog, was ich seither „Gefälligkeitsjournalismus" nenne.

Dessen Hintergrund hat eigentlich gar nichts Rätselhaftes. Redaktionen oder auch journalistische Einzelkämpfer, die von der Automobilindustrie wahrgenommen, regelmäßig informiert und auch zu Presseveranstaltungen der Unternehmen auf deren Kosten eingeladen werden möchten, können solches Entgegenkommen nicht erwarten, wenn sie sich als journalistische Besserwisser oder gnadenlose Kritiker aufspielen. Also reicht man sich doch irgendwie brüderlich die Hand. Warum nicht? Schließlich wird im Grunde doch an einem Strang gezogen. Einer braucht den anderen. Gelegentliche kritische Temperamentsausbrüche – nach dem Motto „Jeder ist eben mal dran" – verflüchtigen sich in aller Regel schnell wieder. Das funktioniert wie Theaterdonner.

In den mehr als zwei Jahrzehnten meiner Arbeit für jenen Branchendienst lernte ich das Geschehen in der internationalen Automobilbranche sozusagen hautnah kennen. Eigenes Erleben ist für Erkenntnisprozesse wichtig. Einem wie mir, der vorher abgeschottet hinter der Mauer motorjournalistisch arbeitete, bescherten Wiedervereinigung und Reisefreiheit ganz neue Informationsmöglichkeiten. Das bedeutete auch, viel unterwegs zu sein. In Deutschland, im Ausland. Vergeht doch für Motorjournalisten, nicht nur für deutsche, kaum eine Woche, ohne dass sie sich zu einer Veranstaltung auf den Weg machen, die ein Autohersteller oder ein Fahrzeugimporteur ausrichtet. Oder auch ein mit der Fahrzeugbranche verbundenes Unternehmen, etwa Reifenhersteller, Zulieferfirmen, Versicherungsagenturen. Sie alle möchten, dass ihre Botschaften von den Medien aufgenommen und verbreitet werden.

Reisen in alle Richtungen

Informationsveranstaltungen für Motorjournalisten innerhalb Deutschlands oder im europäischen Ausland sind an der Tagesordnung. Auch Fernreisen haben keinen Seltenheitswert. Es geht vor allem in Richtung USA, nach Japan und China. Wiederkehrender Reiseanlass sind die großen Automobilausstellungen in Detroit, Los Angeles, Tokio, Schanghai. Einladende Unternehmen tragen gewöhnlich die Flug- und Hotelkosten. Die Fernreisen ihrer Autoredakteure selbst zu finanzieren, können sich nur große Redaktionen leisten. Seit geraumer Zeit bekennen sich Zeitungen und Zeitschriften – nicht alle – per Fußnote unter Reisebeiträgen dazu, wenn der Ausflug in die Ferne von einem Sponsor unterstützt wurde.

Zu Fahrvorstellungen neuer Pkw-Modelle – meist zweitägige Veranstaltungen – sind Motorjournalisten eigentlich das ganze Jahr unterwegs. Gern koppeln die Marken solche Fahrtermine zeitnah mit der Markteinführung betreffender Modelle beim Händler. Für Fahrpräsentationen werden vorzugsweise solche Regionen gewählt, in denen im Grunde ganzjährig mit schneefreien Straßenverhältnissen gerechnet werden kann. Etwa im Süden Europas.

Häufig verbleiben an solchem Schönwetter-Ort nur zwei, drei Stunden, um sich einen Eindruck vom neuen Auto zu verschaffen. Sehr viel mehr Zeit aber verbringt man in einem Flugzeug oder auf Flughäfen, um erst an den Veranstaltungsort und dann wieder zurück zum heimatlichen Ausgangspunkt zu gelangen.

Motorradtesttour in Arizona

Zeitlicher Aufwand und journalistischer Nutzen geraten öfter in ein Missverhältnis, wenn zu Fahrpräsentationen neuer Modelle über den „großen Teich" geflogen wird. Weil das im Mittelpunkt stehende Fahrzeug „Made in Germany" auch nach den USA exportiert werden soll oder dort gebaut wird. Zur Fahrvorstellung des BMW-Motorrades R 1200 C, dem Cruiser-Modell der Marke, ging es beispielsweise nach Tucson/Arizona. Gelandet wurde in jener Region, die als die Heimat solcher Maschinen gilt. Am Tag nach der Landung stiegen wir bei hochsommerlicher Hitze zur Testfahrt auf die vor unserem Hotel aufgereihten Maschinen. Große Erwartung, eitel Freude! Darunter mischte sich aber auch Enttäuschung. Zunächst, weil meine eigens mitgeführte Motorradlederbekleidung unangetastet blieb. Es war einfach viel zu heiß, um sich die schützende Lederhaut überzuziehen. Ich wählte lieber leichte Fahrerbekleidung aus dem vor Ort vorsorglich ausgebreiteten BMW-Ausrüstungsfundus.

Leider waren dann aber auch die kurvenarmen, schier endlos geradeaus führenden Straßen der Teststrecke nicht das, was sich Motorradfahrer eigentlich wünschen. Lange Anreise, wenig Biker-Abenteuer. Zum Erlebnis wurde der Ausflug in der landschaftlichen Kulisse voller Kakteen aber allemal. Schließlich gehörte unser Interesse zuerst der Technik, der stämmigen BMW R 1200 C. Näher beschäftigen mit der Maschine konnte ich mich wenig später, als ich in München eine Testmaschine übernahm.

Unterwegs nach Boston: Aufgeklärter Verdacht

Die Gemüter erhitzt hat nach der Wiedervereinigung eine verkehrsorganisatorische Debatte: Rechtsabbiegen bei Ampelrot mit grünem Abbiegepfeil. Die Übernahme der in der DDR bewährten Regelung halten Kritiker bis heute für ein verkehrstechnisches Wagnis. So was könne, wenn überhaupt, nur bei vergleichsweise geringer Verkehrsdichte gutgehen, heißt es. Bei nicht wenigen kommunalen Verkehrslenkern stößt die Abbiegepraxis nach rechts anhaltend auf Ablehnung. Dabei kann sie, verantwortungsbewusst angewandt, den Verkehrsfluss an vielen Kreuzungen und Einmündungen überzeugend unterstützen.

Lange hatte auch ich geglaubt, dass das Abbiegen bei Rot mit grünem Pfeil in der DDR „erfunden" worden sei. Ein Irrtum. Er verflog bei einer ersten Autofahrt von New York nach Boston in einem Testwagenkonvoi. Erstaunt stellte ich unterwegs fest, dass an Kreuzungen und Einmündungen ganz selbstverständlich bei Ampelrot nach rechts eingebogen wurde, sofern die Luft rein war. Alltagspraxis in den USA! An unübersichtlichen Stellen, die ein gefahrloses Rechtsabbiegen bei Ampelrot möglicherweise erschweren, gibt es vor der Ampel oder über der Fahrbahn auf einer weißen Tafel in schwarzer Schrift die Warnung: „No turn right". Einen grünen Pfeil, der zum möglichen Abbiegen auffordert, kennen die Amerikaner nicht. Der Pfeil selbst mag in der DDR erfunden worden sein. Das Urheberrecht für die Abbiegeregel bei Ampelrot gehört wohl den Amerikanern. Die Ansicht, dass solche Regel nur bei geringer Verkehrsdichte Bestand haben könne, widerlegt das Beispiel USA überzeugend.

In Erinnerung blieb bei dieser Tour auch das Live-Erlebnis dessen, was ich bis dato nur aus den Nachrichten kannte. Binnen weniger Stunden kann an der Ostküste der USA ein Schneesturm für totales Chaos auf den Straßen sorgen. Vor der heraufziehenden weißen Katastrophe wird über Funk und Fernsehen unablässig gewarnt. Sobald erste Flocken über die Fahrbahn tanzen, beeilt sich jeder, an sein Ziel zu kommen. Wintereinbrüche fallen gewöhnlich sehr rasch und ausgesprochen schneereich über die Ostküste her.

Immer wieder Fahrvorstellungen ...

Um Fahrvorstellungen, die es ähnlich reichlich wie neue Automodelle gibt, möglichst kompakt zu gestalten, stehen die Testwagen meist unmittelbar am Zielflughafen bereit. Startort kann aber auch das Hotel sein, in dem übernachtet wird. In solchem Falle übernehmen den Transfer der Journalisten vom Flughafen zum Hotel Shuttles. Das Procedere solcher Veranstaltungen ist weitgehend gleich. Gewöhnlich steigen in jeden Testwagen zwei Journalisten. Gelegenheit zum Fahrerwechsel und zum Tausch unterschiedlich motorisierter Fahrzeuge gibt es bei vorgesehenen Zwischenstopps. Der Veranstalter empfiehlt mehrere Fahrtrouten. Kurvige Bergetappen sind eindrucksvoll, kosten aber Zeit. Weil unterwegs öfter angehalten wird, um Auto und Landschaft besonders wirkungsvoll bildlich in Szene zu setzen. Da kann's dann zeitlich schon mal eng werden, wenn noch am selben Tag das Flugzeug zum Rückflug startet und man zu allem Übel auch noch irgendwo auf einer Autobahn in einen Megastau gerät oder vom städtischen Berufsverkehr ausgebremst wird.

Eine gute Gelegenheit, gleich einen größeren Teil der aktuellen Modelle einer Marke kennenzulernen, bieten sogenannte Roadshows in Deutschland. Sie finden an mehreren Tagen hintereinander an vier oder fünf verschiedenen Orten statt. Bedient werden „alle Himmelsrichtungen", um die Anfahrtswege eingeladener Journalisten möglichst kurz zu halten. Bei allen Fahrvorstellungen gibt es gewöhnlich ein Pressegespräch, bei dem neben den Pressechefs die Verantwortlichen des Unternehmens fürs Marketing und für die Technik zur Wort kommen. Meist sind die Redner auch bereitwillige Partner für Einzelgespräche.

Vom Roadbook zum Navi

Noch vor wenigen Jahren ließen sich bei Fahrvorstellungen empfohlene Streckenführungen von einem Roadbook ablesen, das mehr oder weniger aufwändig gestaltet war. Inzwischen ist es die Ausnahme, dass nach Roadbook gefahren wird. Heute gibt es in Testwagen fast immer ein Navi.

Beifahrer sollten aber in der Lage sein, notfalls auch ein Roadbook „zu lesen". Richtig und flink; vor allem an komplizierten Wegscheiden. Andernfalls wird im Nu der falsche Abzweig erwischt. Das hat Folgen. Wird irrtümlicherweise der richtige Kurs auch nur für einen oder zwei Kilometer verlassen, stimmt der Abgleich zwischen Roadbook und Kilometerzähler im Auto nicht mehr, und es beginnt nerviges Umrechnen. Geht am Ende die Orientierung doch verloren, muss letztlich nach Karte und Wegweisern gefahren werden. Auf diese Art etwa in einer fremden Großstadt einen bestimmten Zielpunkt finden zu wollen, kostet Zeit und Nerven.

Vor allem bei gebotenem zügigem Durchqueren ausländischer Metropolen erweist sich ein Navi als große Hilfe. So empfindet jeder, der sich daran erinnert, wie es war, als man noch mit dem Stadtplan auf den Knien zügig städtische Großräume, etwa Rom oder Barcelona, bewältigen musste.

Die Rettung kann ein Navi in heiklen Situationen sein. Vorausgesetzt, man hat solches Gerät dabei! Sitzt ein Testfahrzeug „off Road" hoffnungslos in einer Geländepassage fest, wird es stressig, wenn kein Navigationsgerät an Bord ist. Machen konnte solche Erfahrung ein motorjournalistisches Nachwuchstalent Kategorie „Junge Dynamiker". Offenbar hatte er die bei der Pressekonferenz gefallenen Worte noch im Ohr, dass Autos der Marke dank des modellübergreifenden serienmäßigen Allradkonzepts jedem Gelände gewachsen seien. Forsch ging der junge Kollege wenig später mit einem Testwagen auf Tour. Sein Ehrgeiz verbot wohl, empfohlenen Testrouten zu folgen. Vermutlich auf der Suche nach einem besonderen Kick geriet er zunächst auf einen schlammigen Waldweg. Das war nicht weiter schlimm. Beim anhaltenden Vorstoß ins Ungewisse aber landete das Auto in bodenlosem Morast. Ihn konnte der Allradler weder vorwärts noch rückwärts besiegen.

Unzählige verzweifelte Befreiungsversuche führten dazu, dass sich die vier Antriebsräder immer tiefer eingruben. Am Ende fiel den wiederholten vergeblichen Anfahrmanövern der Kupplungsbelag zum Opfer ...

Ein Handy hatte der hoffnungslos Gestrandete nicht dabei. Und weil er abseits empfohlener Testrouten festsaß, konnten ihn auch inzwischen ausgeschwärmte Suchtrupps nicht entdecken. Sogar ein Rettungshubschrauber der Bergwacht stieg auf. Irgendwann wurde der Unglückliche geortet. Ob er sich geschworen hat, motorjournalistische Abenteuerlust besser nicht auf die Spitze zu treiben? Vermutlich wird er künftig immer ein Handy dabei haben, wenn er zu einer Testfahrt startet ...

Im Rolls-Royce zu Aldi?

Zu den Wundern der Wiedervereinigung gehörte, dass ich nun gelegentlich auch ganz in der Nähe meines Wohnorts Bekanntschaft mit solchen Autos machen konnte, die sich zu DDR-Zeiten niemals hierher verirrt hätten. Eine Fahrpräsentation von Rolls-Royce- und Bentley-Modellen, die ein Berliner Händler im brandenburgischen Storkow organisiert hatte, bleibt bei mir vermutlich noch länger in Erinnerung. Das hat seinen Grund.

Mit von der Partie bei der Präsentation war ein Rolls-Royce Cabrio. Einen „Rolls" wollte auch ich einmal offen genießen. Und es hätte sogar ganz amüsant werden können. Eine Journalistenkollegin hatte mich gefragt, ob sie mit mir mitfahren könne. Sie selbst wolle nicht ans Lenkrad, weil ihr – als bekennende Seat-Fahrerin – ein Rolls-Royce einfach zu unübersichtlich sei.

Schon bald nach dem Start machte ich meine Beifahrerin mit einem heimlichen Vorhaben bekannt. In den Sinn gekommen war mir, mit dem Edel-Cabrio bei einem nahegelegenen Aldi-Markt vorzufahren. In der Erwartung, dass sich auf dem Aldi-Parkplatz bestimmt jemand die Bemerkung nicht verkneifen würde, ob es ein Rolls-Royce-Fahrer denn nötig habe, bei Aldi einzukaufen. Meine Entgegnung hatte ich sozusagen vorgefertigt im Kopf: Nur weil ich seit vielen Jahren ausschließlich bei Aldi einkaufte, könne ich mir einen Rolls leisten. Doch je näher wir dem Aldi-Markt kamen, schien mein Vorhaben der mitfahrenden Kollegin immer unangenehmer zu werden. Erst als ich versprach, von meinem Plan abzulassen, kehrte ihre Fröhlichkeit zurück. Vielleicht war mein Einfall aber auch einfach nur ein bisschen daneben.

Im Bikerschwarm Gleichgesinnter

Eine tolle Idee, meine ich, hatte Anfang der 1990er-Jahre der Pressechef des Berliner BMW-Motorradwerkes. Einmal im Jahr wurden Journalisten aus dem Berliner Raum, die gern auf ein Motorrad steigen, zum gemeinsamen Wochenendausflug eingeladen. Die Ziele lagen ausschließlich in den neuen Bundesländern. Der Grund? Dort fand man abseits viel befahrener Landesstraßen noch Wege querfeldein ohne jedes Sperrschild. Das kam dem Motorradabenteuer entgegen. Tatsächlich ging es öfter über Stock und Stein. Vom Regen aufgeweichte Feld- und Waldwege, häufig übersät mit unberechenbar tiefen Wasserlachen, verlangten den Fahrern spähenden Geländeblick ab, eine ordentliche Portion Geschick und Balancegefühl. Durchaus auch Mut.

Der eine oder andere blieb im Schlamm stecken oder kippte – wie ich – samt Maschine mitten in einer riesigen, ungeahnt tiefen Pfütze um. Mit Verlaub – es war eigentlich keine Pfütze, sondern ein ungeahnt tiefes Wasserloch. Kollegen behaupteten, ich sei samt Motorrad, einer BMW GS, einen Augenblick lang völlig von der Bildfläche verschwunden gewesen. Einige fanden das lustig und bedauerten, kein Foto gemacht zu haben. Ich, der belachte Taucher, hatte nun aber ein Problem. Ich musste völlig durchnässt weiterfahren. Mir blieb nur die Hoffnung, der Fahrtwind möge für rasches Trocknen von Mensch und Maschine sorgen. Das Ziel war ja noch weit.

Für die Ausflüge stellte das Motorradwerk Maschinen aus dem breitgefächerten BMW-Modellprogramm zur Verfügung. Für den Fall, dass unterwegs irgendeine Technik irreparabel streikte, begleitete unseren Konvoi ein geländetauglicher Allradler samt Motorradanhänger. Darauf wurden eine Ersatzmaschine und unsere persönlichen Siebensachen befördert. Wir übernachteten ja irgendwo.

An den Ausflügen mit motorradbegeisterten Journalisten hielt das BMW-Motorradwerk in Berlin-Spandau mehrere Jahre fest. Auf diese Weise wurden uns die Motorräder der Marke nähergebracht. Eine zündende Idee.

Umfaller am Zielstrich

Bleiben wir bei BMW! Weil offenbar nicht jeder Motorjournalist neben dem Pkw-Führerschein B auch den der Motorradklasse A besitzt, kann Überraschendes passieren. Bei einer BMW-Fahrvorstellung, in deren Mittelpunkt ein neues Pkw-Modell stand, wurde den Journalisten angeboten, auf einem abgesperrten Parcours auch gleich mal eine Runde mit dem originellen Motorroller C1 zu drehen. Das Besondere dieses Rollers: Auf dem überdachten Gefährt sitzt der Fahrer relativ geschützt vor Fahrtwind und Regen. Verwirklichte Sicherheitszelle und ein Dreipunkt-Sicherheitsgurt lassen zu, dass der Fahrer auf den Schutzhelm verzichten darf.

Das Angebot für eine Probefahrt nahmen alle gern an, zumal der Umgang mit dem ungewöhnlichen Gefährt unkompliziert schien. Die Aufgabe des Fahrers beschränkt sich auf Lenken, Gasgeben und Bremsen. Den Rest besorgen Fliehkraftkupplung und Getriebeautomatik. Ausnahmslos jeder meisterte die kurze Testfahrt bis zum Zielstrich ohne Komplikation. Wie alle anderen auch brachte ein Kollege den Motorroller genau am Zielstrich zum Stehen. Im nächsten Augenblick aber kippte der Roller zur Überraschung der Umstehenden samt Fahrer um! Bis dahin hatte der Umfaller offenbar überhaupt nicht verinnerlicht, auf einem Balancefahrzeug zu sitzen. Prompt versäumte er in der Anhaltephase, Bodenkontakt mit den Füßen herzustellen ...

Afrika-Safari mit Jeep Cherokee

Es gibt Veranstaltungen, bei denen journalistische Erwartungen weit übertroffen werden. Der Fall war das beispielsweise bei der „Jeep Adventure Africa 2004", der Fahrpräsentation eines neuen Jahrgangs des Modells Cherokee der Marke Jeep in der afrikanischen Savanne. Über die mehrtägige Veranstaltung berichtete ich später im damaligen Magazin für die Vertriebs- und Servicemitarbeiter von Chrysler und Jeep. In der Tat eine Testfahrt der besonderen Art. Das Bewältigen unterschiedlicher Geländeschikanen war eine permanente, alltägliche Herausforderung.

Die Testroute berührte Sambia, Namibia und Botswana. Bewundern konnten wir sozusagen nebenher die gigantischen Victoria-Fälle des Sambesi.

Eingang zum Resort Elephant Valley in Botswana.   Foto: privat

Start- und Zielpunkt für unsere Ausflüge mit den potenten Allradlern war die Elephant Valley Lodge, mitten in der afrikanischen Wildnis gelegen. Als wir dort ankamen, begrüßten uns auch zwei offenbar recht lebenslustige junge Frauen, deren Aufgabe es war, Regie über den Freiluft-Tresen des gastronomischen Bereichs der Lodge zu führen. Schnell verriet das breite Sächsisch der beiden, dass sie aus den neuen Bundesländern stammten. Natürlich wollten wir wissen, wie sie auf die Idee kamen, sich ausgerechnet in der afrikanischen Savanne einen Job zu suchen. „Wir wollen unbedingt die Welt kennenlernen. Mit Afrika fangen wir an."

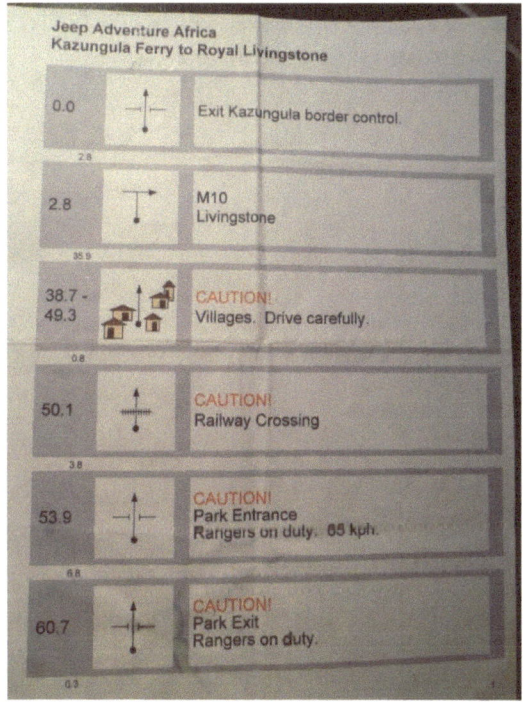

Roadbook-Ausschnitt zur Orientierung bei der Testfahrt „Jeep Adventure Africa".   *Foto: privat*

Die Testfahrt vermittelte unvergessliche touristische Eindrücke. Das Auto, um das es ja zuerst ging, lernte man gewissermaßen nebenbei kennen.

Abends versammelten sich vor der Elephant Valley Lodge regelmäßig heimische Tiere am nahen Wasserloch. Ein einzigartiges Erlebnis. Wann hört man nachts schon mal einen leibhaftigen Löwen ganz in der Nähe des eigenen Schlafzelts brüllen! Trotz der Gewissheit, dass mit Gewehren bewaffnete Männer unser Nachtlager schützend umstellten, konnte vermutlich nicht jeder von uns ruhig schlafen.

Besonders beeindruckend waren die unzähligen Elefanten, denen wir täglich begegneten. Ein Aussterben dieser imposanten, erstaunlich friedfertigen Kolosse muss wohl kaum befürchtet werden.

Die Erlebnisse teilten wir deutsche Journalisten übrigens mit Berufskollegen aus Österreich, Australien und der Schweiz.

In der „weißen Hölle"

Ins oft gemalte Bild vom Traumberuf eines Motorjournalisten gehören Reisen in alle Himmelsrichtungen. Nach Norden geht es bis hinauf in die Regionen ewigen Winters und arktischer Kälte. Dorthin verschlägt es Automobilhersteller, um neue Modelle extremen Beanspruchungen aussetzen und so in kurzer Zeit Schwachstellen aufzuspüren. Zu den auserkorenen Gegenden für Testfahrten in der „weißen Hölle" zählt der Norden Schwedens. Das Flugzeug, das dorthin bringt, landet auf dem kleinen, geradezu beschaulichen Flugplatz von Kiruna, der nördlichsten Stadt Schwedens. Rund zwanzig Kilometer entfernt liegt Jukkasjarvi. Eine Touristenattraktion, das Eishotel, machte die Ansiedlung weltweit bekannt. In der aus Schnee und Eis errichteten Herberge können Gäste „unterkühlt" übernachten, ohne zu frieren. Dafür sorgen Rentierfelle unter und über dem Körper. Nachts konnte ich durch ein Loch in der Eisdecke meines Hotel-„Zimmers" in den klaren Sternenhimmel des Nordens blicken, ehe ich in den Schlaf fiel. Wer im Eishotel übernachtet, bekommt für seinen „Mut" ein entsprechendes Zertifikat.

Zum touristischen Programm in der bizarren Winterlandschaft gehören Gruppenausflüge mit Schneemobilen. Die Spezies Motorjournalist kommt natürlich aus anderem Grund in die „weiße Hölle". Winterdriving ist angesagt. Testwagen stehen bereit, mit denen eigens angelegte Rundkurse auf Schnee und Eis zu bewältigen sind. Gelegenheit, sich auch mit verschiedenen Traktionskonzepten – Front-, Heck- und Allradantrieb – anzufreunden. Beeindruckende Erkenntnisprozesse mit Langzeitwirkung.

Wintertauglichkeit à la Carlsson

Wie sich ein ganz normaler, aber ausgesprochen flott bewegter Pkw auf einer verschneiten, stellenweise vereisten und dazu noch kurvenreichen Piste sicher beherrschen lässt, dafür gab uns Motorjournalisten einmal Erik Carlsson, die schwedische Rallye-Legende, überzeugenden Anschauungsunterricht. Lang ist es her, aber noch gut in Erinnerung. Interessant und wertvoll war, von einem abgucken zu können, der Anfang der 1960er-Jahre zweimal hintereinander die Rallye Monte Carlo gewonnen hatte. Mit einem Saab. Als Beifahrer erlebte ich nun Jahrzehnte später den Routinier einmal bei einigen Demonstrationsrunden auf Schnee und Eis. Carlsson saß locker, eigentlich geradezu lässig hinterm Lenkrad. Auch in Kurven hielt er das Lenkrad wie beiläufig in den Händen. Den Lenkradkranz ließ er spielerisch durch die Finger gleiten. Auch dann wirkte Carlssons Lenkverhalten noch kontrolliert, wenn das Heck des Autos Anstalten machte, der Fliehkraft zu folgen und nach außen zu driften. Wiederholt unterbrach der Profi die Schilderung dessen, was er gerade tat, mit der gelassenen Bemerkung, auch auf Eis und Schnee sei doch alles „very easy". Wenn man´s kann …

Erstaunliche Entdeckung im Honda-Museum

Jeder Aufenthalt in einem ungewohnten Kulturkreis hinterlässt von dieser anderen Welt tiefe Eindrücke. Meine Reisen nach Japan hatten die Tokyo Motor Show, japanische Automobilwerke oder das Honda-Sicherheitszentrum Tochigi zum Ziel. Erstaunliches entdeckte ich im Honda-Museum an der Montegi-Rennstrecke. In dem Museumskomplex, der „Honda Collection Hall", beeindruckte mich vor allem die umfangreiche Sammlung von Motorrädern. Mehr als 250 Exponate sollen es sein.

Offenbar finden Japaner nichts dabei, in ihrem Museum neben japanischen Nachbauten namhafter Motorräder auch gleich das entsprechend „abgekupferte" Original zu präsentieren, beispielsweise die berühmte Puch mit Doppelkolbenmotor. Unbefangenes Motto der Präsentation scheint zu sein: „Seht, was sich andere einfallen ließen, das können wir auch!"

Die Puch-Werke in Graz wandten das Konzept des Zweitakt-Doppelkolbenmotors lange erfolgreich an. Die beiden Kolben laufen in dicht beieinanderliegenden Zylindern, haben einen gemeinsamen Brennraum und sind über ein Gabelpleuel und einen gemeinsamen Hubzapfen mit der Kurbelwelle „verbunden". Puch baute solche Motoren, denen man relativ bescheidenen Kraftstoffverbrauch nachsagte, bis zum Jahr 1970.

„Staatsempfang" bei Daihatsu

Eine Premiere mit protokollarischen Ehren erlebte ich in einer Gruppe deutscher Motorjournalisten bei der Daihatsu Motor Co. Ltd. in Japan. Nie zuvor hatten, wie uns zu Ohren kam, ausländische Journalisten Produktionsanlagen des Unternehmens besichtigen können. Offensichtlich waren wir tatsächlich die Ersten. Alles ging geradezu protokollarisch korrekt zu. Den langen Konferenztisch des Raums, in dem wir empfangen wurden, schmückten kleine japanische und deutsche Flaggen, und am Werkseingang wehten die Fahnen beider Länder.

Der Weg, den unsere kleine Delegation im Werk nehmen sollte, war offensichtlich besonders besucherfreundlich präpariert worden. Am Ende der vorgesehenen Laufstrecke zur Besichtigung der Produktionsanlagen hinderte eine Tafel mit großem „Stopp"-Zeichen am Weitergehen. Hinter dieser Sperre ging es, wie man erkennen konnte, nicht mehr ganz so aufgeräumt und akkurat zu.

Daihatsu gab sich viel Mühe, um uns ein neues Modell näherzubringen. Mit diesem Auto fuhren wir hinauf zum Fujiyama, den heiligen, gleichzeitig höchsten Berg Japans. Orientieren auf dem Weg dorthin mussten wir uns an einer schlichten Skizze, die die Fahrtroute grob vorgab. Uns erging es wie bei anderen Fahrpräsentationen in Japan auch: Nicht der Linksverkehr wurde zum Problem. Nein, mit an Bord war immer das Bangen, ob man tatsächlich am Ziel ankommen würde. Wies die flüchtige Skizze mit der Fahrroute beispielsweise mehrere Kreisverkehre aus, was eigentlich immer der Fall war, musste man sich erinnern können, welche Kreise man bereits hinter sich hatte. Schnell schlichen sich beim Nachdenken Zweifel und Unsicherheiten ein.

Kamen wir am Ende tatsächlich dort an, wo man uns erwartete, erschien uns das wie ein kleines Wunder. Am Ziel wurde jeder eintreffende Testwagen zünftig per Flagge abgewinkt. War dann die erste Frage eines Offiziellen: „Und wie finden Sie unser neues Auto?", hätte ich am liebsten scherzen wollen, erst einmal sehr froh zu sein, das Ziel gefunden zu haben …

Daihatsu überließ uns auch aktuelle Modelle der Marke zu ein paar Proberunden auf dem Oval der werkseigenen Erprobungsstrecke. Stets nahm auf dem Beifahrerplatz ein Ingenieur der Testabteilung Platz. Irgendwie nährte das den Verdacht, dass der Betreuer vermeintlich Schlimmes verhindern sollte. Befürchtet wurde offenbar, wir Journalisten aus dem Land unbegrenzter Autobahngeschwindigkeiten könnten die Kurven auf der Daihatsu-Teststrecke unangemessen temporeich angehen.

Japanische Impressionen

Wenn einer eine Reise macht, dann kann er was erzählen. Eigentlich sind es immer eher kleine Erlebnisse am Rande, die länger in Erinnerung bleiben. Später, beim Erzählen, werden vor allem sie zum Besten gegeben. Bei jeder meiner Japan-Reisen habe ich die eine oder andere kleine Überraschung erlebt. Da steigt man in Tokio zum ersten Mal in ein Taxi und denkt, einen ausgesprochen vornehmen Fahrer vor sich zu haben, der am Lenkrad blütenweiße Handschuhe trägt. Die nächsten Tage bringen die Erkenntnis, dass auch andere Taxifahrer pikobello am Lenkrad sitzen. Weiße Handschuhe gehören einfach dazu. Zum Tanken steigt kein Taxifahrer aus. Er bleibt beim Fahrgast. Den Wagen betanken dienstbare Geister in Uniform. Sie umschwirren augenblicklich jedes Auto, das an einer Tanksäule hält.

*

Als Motorradfahrer imponierte mir die Aufstellpraxis an großen Ampelkreuzungen in Tokio. Bei Ampelrot stellen sich Roller und Motorräder in dem für sie im reservierten Raum vor den Autos auf. Ihnen wird quasi die Poleposition eingeräumt. Kommt Ampelgrün, sind die Zweiräder im Nu auf und davon. Und die Autos haben nun freie Fahrt, ohne von quirligen Zweiradfahrern bedrängt zu werden.

*

Zum japanischen Kulturprogramm, das Touristen gern geboten wird, gehört die Begegnung mit einer Geisha im traditionellen Kimono. Einmal wurde für uns Journalisten ein Abendessen im Beisein einer solch professionellen Unterhaltungskünstlerin arrangiert. Anwesenheit und Darbietungen einer Geisha lassen sich buchen. Offensichtlich eine einträgliche Geschäftsidee. Die Frage, ob eine Geisha unabhängig oder angestellt arbeitet, blieb unbeantwortet. Zugegeben, die Künstlerin hat ihren Auftritt sehr zeitaufwändig vorzubereiten. Traditionelle Kleidung ist anzulegen, das Gesicht kunstvoll zu schminken und eine ebensolche Hochsteck-Frisur zu kreieren. Das dauert. Ihr Publikum unterhält die Geisha mit Gesang und Tanz. Kommunikation mit den Gästen kommt nicht zustande. Verständigungsprobleme sind eine naheliegende Erklärung. Annehmen könnte man aber auch, dass die elegante Lady für eine Konversation mit Fremden nicht extra bezahlt wird. In Erinnerung blieb: Punkt 22 Uhr verabschiedete sich „unsere" Geisha aus dem Kreis ihrer Bewunderer. Wortlos, mit einer angedeuteten artigen Verbeugung. Offenbar war die gebuchte Zeit abgelaufen.

*

Öffentliche Verkehrsmittel scheinen täglich Millionen Tokioter zu benutzen. Für einen Ausländer ist es mehr als zweckmäßig, einen Kundigen an der Seite zu haben, der weiß, welche der verschiedenen Bahnen man nehmen muss, um ein bestimmtes Ziel zu erreichen. Und wie man an welchem Automaten zu einer entsprechenden Fahrkarte kommt. Das hektische Gewimmel auf den Bahnhöfen ist irritierend. Gewöhnlich sind die Bahnen so voll, dass an den Bahnsteigen eigens dazu Bestimmte in Uniform unablässig damit beschäftigt sind, selbst in übervolle Abteile der Bahnen weitere Personen hineinzupressen. Keine Spur von Fahrkultur.

*

Die Orientierung in Japan kann kompliziert werden, wenn man ohne Dolmetscher unterwegs Ist. Dass etwas Englisch ausreiche, ist ein Trugschluss. Entsprechende Erfahrung machte ich nach dem Verlassen meines Hotels in Tokio zu einer abendlichen Erkundungsrunde. Ich glaubte, mit der Visitenkarte des Hotels in der Tasche und mit freundlicher Unterstützung von Passanten würde ich schon wieder zu meiner Bleibe zurückfinden. Feststellen musste ich jedoch, dass selbst aufgeweckte junge Leute mit der Visitenkarte des Hotels und dessen Adresse in Englisch nichts anfangen konnten. Dabei denkt man immer, alle jüngeren Japaner seien Vertreter der IT-Generation und entsprechend sprachlich gewandt. Beschreiben konnte den Weg zum Hotel am Ende aber doch noch eine aufgeweckte junge Japanerin, Typ Studentin.

*

Der Zufall wollte es, dass sich eine deutsche Journalisten-Gruppe in Japan aufhielt, als gerade ein Formel 1-Lauf auf dem International Racing Course in Suzuka anstand. Die Fahrt von Tokio nach Suzuka mit dem Shinkansen-Express war ein Erlebnis für sich. Die japanischen Hochgeschwindigkeitszüge, die die Großstädte Japans verbinden, schaffen mehr als Tempo 300.

Vom Formel-1-Rennen bekamen wir live wenig mit, obwohl wir – richtiger: weil wir – hoch oben auf der Pressetribüne Platz nahmen, sodass sich gleich zwei Streckenteile gut einsehen ließen. Am Standort brauchten wir uns nur um 180 Grad zu drehen, um die Konkurrenten ein weiteres Mal vorbeipreschen zu sehen. Wohl gerade deshalb verloren wir schon bald den Überblick über die aktuellen Positionen der Gestarteten. Vermutlich vermittelten die Kommentare über die Lautsprecher an der Strecke die jeweils aktuelle Übersicht übers Geschehen. Aber wer von uns verstand schon Japanisch! Wir zogen es schließlich vor, den weiteren Rennverlauf an einem Fernseher zu verfolgen. Nach dem Rennen kam es in kleinem Kreis noch zu einer interessanten Gesprächsrunde mit Michael Schumacher.

Zwischenfälle in der Luft

Wer viel fliegt, erlebt auch in der Luft die eine oder andere Situation, die länger in Erinnerung bleibt. Nicht vergessen werde ich einen Flug von München nach Barcelona. Als wir „oben" waren, lief offenbar das linke Triebwerk der Maschine nicht richtig rund. Jedenfalls war das meine laienhafte Einschätzung. Ich saß an einem Fenster mit Blick auf jene Turbine, die immer mal wieder an Drehzahl zu verlieren schien, um im nächsten Augenblick wieder kraftvoll durchzustarten. Bald kam aus dem Cockpit die Bestätigung, dass etwas nicht stimmte: Man müsse leider umkehren, es gehe nach München zurück. Offenbar hatten die Ansage in Deutsch und Englisch nicht alle Passagiere verstanden. Als wir wieder in München landeten, gab es einige erstaunte Gesichter.

Die Aufregung war nicht zu Ende. Nachdem zwei an Bord gekommene Techniker beim Fehlercheck offenbar erfolgreich waren, rollte die Maschine erneut zur Startbahn und erhob sich zum zweiten Male in die Lüfte. Sicher war es nun die Hoffnung aller an Bord, im zweiten Anlauf Barcelona zu erreichen, wenn auch später. Doch aus solchen Träumen riss alsbald die ruhig-markante Stimme aus dem Cockpit. Man müsse ein weiteres Mal nach München zurück! Dort hieß es dann umsteigen in eine andere Maschine. Ehe sämtliches Gepäck umgeladen und das Catering abgeschlossen war, verstrich eine Menge Zeit. Als wir spät am Abend endlich in Barcelona ankamen, war an unserem Zielort, einem Hotel, inzwischen „die Messe gesungen", die Pressekonferenz zur Fahrvorstellung eines neuen Autos längst gelaufen. Trösten konnten wir uns damit, dass am nächsten Tag ja noch das Fahrerlebnis anstand.

Manchmal hat ein Bordereignis auch allein für die eigene Person Auswirkungen. So geschehen auf dem Flug von Düsseldorf nach New York. Noch war der Landeanflug nicht angekündigt, und gerade gingen die Stewardessen ein weiteres Mal von Sitzreihe zu Sitzreihe, um Getränke anzubieten; Wasser, Tomaten- und Orangensaft. Wie üblich. Eine ältere Dame auf dem Platz neben mir richtete an die vorbeikommende Stewardess eine Frage. Als diese sich beim Antworten ein bisschen zu meiner Nachbarin hinüberbeugte, sah ich unabwendbares Unheil auf mich zukommen. Das Tablett mit den Getränken geriet so in Schieflage, dass sich die Säfte kurzerhand verselbstständigten und sich auf meinem Hemd und meiner Hose verteilten. Der klebrige Cocktail drang bis in die Hosentaschen vor. Ausgerechnet in diesem Moment wurde in den Lautsprechern auf den Beginn des Landeanflugs auf New York verwiesen. Eine der beiden Stewardessen, die sich um mein Malheur kümmerten, musste gestehen, dass leider keine Stoffservietten mehr vorrätig seien. Mit ihnen hatte ich Hemd und Hose fürs Erste wenigstens etwas abtupfen können. Der Versuch, das auch mit Papierservietten hinzukriegen, ging komplett daneben. Er machte alles nur noch schlimmer. Schließlich brachten mir die von offenkundiger Hilflosigkeit gezeichneten Lufthansa-Damen eine graue Decke, die ich mir umlegen sollte. Meine Bemerkung, ob ich in dieser eigenwilligen Kostümierung etwa die Einreise in die USA bewältigen solle, quittierten die Stewardessen mit bedauerndem Achselzucken. Inzwischen hatten sie auch Wichtigeres zu tun. Die Landung stand bevor.

Naja, am Ende wurde doch noch alles gut. Offenbar hatte der Officer, der wenig später in meinem Reisepass blätterte, einen guten Tag. Er übersah mein Elend einfach. "Wellcome!" Und schon hatte ich den Stempel im Pass. Auch der Taxifahrer, der mich zum Hotel brachte, stellte beim Anblick meiner Umhüllung keine Fragen. Kuriose Gestalten waren möglicherweise öfter unter seinen Fahrgästen.

Auch überraschend angenehme Erlebnisse gibt es über den Wolken: Der Zufall wollte es, dass ich mich einmal ausgerechnet an meinem Geburtstag auf einem Flug nach Tokio befand. Der Besuch der Tokyo Motor Show stand an. Zusammen mit mehreren Berufskollegen saß ich in einer Maschine der Japan Airlines. Niemand an Bord wusste von meinem Geburtstag. Dachte ich. Es kam anders. Gerade war ich im Begriff, mich gedankenversunken zurückzulehnen, um entspannt ein bisschen einzunicken, da bemerkte ich, dass zwei oder drei der niedlichen kleinen JAL-Stewardessen im Gang genau vor meinem Platz in die Hocke gingen. Mit strahlendem Werbelächeln begannen sie zu singen: „Happy Birthday to you". Währenddessen zauberte eine der Schönen eine versteckt hinter ihrem Rücken gehaltene Flasche Sekt hervor; und eine andere verteilte Sektgläser an die im unmittelbaren Umfeld sitzenden Berufskollegen. Sie waren überrascht wie ich. Oder sie taten nur so und steckten mit dem Organisator der kleinen Show über den Wolken unter einer Decke ...

Schneegestöber zur „Hochzeit im Himmel"

Vergessen ist sie nicht so schnell, die einst gefeierte „Hochzeit im Himmel", wie das einstige Zusammengehen von Mercedes und Chrysler von den Partnern gern gelobt wurde. Lange hielt die Auto-Ehe bekanntlich nicht. Längst geht jeder wiedereigene Wege. Gehalten hat sich bei mir die Erinnerung an die widrigen Umstände, unter denen es zur großangelegten Feier in den USA kam. Im Nachhinein ist man geneigt zu glauben, dass der gepriesene Himmel wohl etwas gegen diese Hochzeit hatte.

Zur Feier in Detroit waren auch Medienvertreter aus aller Welt eingeladen. Ausgerechnet an deren Anreisetag aber zog ein gewaltiger Schneesturm über die Bundesstaaten Illinois und Michigan, der den Flugverkehr zum Erliegen brachte. Unsere Maschine musste statt in Detroit in Chicago landen und durfte wegen der winterlichen Wetterkapriolen nicht wieder starten. Auch die zahlreichen Medienvertreter, die mit Flugzeugen aus anderen Himmelsrichtungen Kurs auf Detroit genommen hatten, saßen auf irgendeinem Ausweichflughafen erst einmal fest.

In Detroit aber war ein festlicher Abend für Tausende Gäste vorbereitet worden. Von denen blieben nun sehr viele aus. Der heftige Schneesturm zwang jene Linienmaschinen, die Kurs auf Detroit nehmen wollten, gar nicht erst zu starten. Kurzentschlossen schickte Chrysler ein Firmenflugzeug nach Chicago, um wenigstens die Mercedes-Gäste aus Deutschland abzuholen. Der Chartereinsatz klappte trotz aller widrigen Umstände-

Auf der Fahrt vom Detroiter Flughafen zur festlichen Abendveranstaltung wurden wir gebeten, uns angesichts der vorgerückten Stunde zu beeilen und all unser Reisegepäck erst einmal im Bus zurückzulassen. Später würden wir es in unseren Hotelzimmern vorfinden. Als ich nachts mein Hotelzimmer betrat, wurde wahr, was ich angesichts der besonderen Umstände irgendwie befürchtet hatte: Mein Koffer war nicht da. Auch am anderen Morgen nicht. Wissen ließ mich das Hotel, ich solle einfach erst einmal alles Nötige kaufen. Man würde die Auslagen selbstverständlich übernehmen.

Auch in den nächsten zwei Tagen wurde mein Koffer vom Hotelpersonal nicht gefunden. Gerade als ich kurz vor meiner Abreise gegenüber der Polizei den Verlust aktenkundig machen wollte – der vom Hotel angeforderte Policeman saß in der Lobby bereits neben mir –, brachte ein Hotelangestellter meinen Koffer. Dieser habe in einem unbelegten Zimmer gestanden. Bei der Zuordnung der Zimmernummer war es zu einer Verwechselung gekommen. Jemand habe eine „1" flüchtig mit Anstrich geschrieben. So sei sie fälschlicherweise als „7" gelesen worden und damit mein Koffer im falschen Zimmer gelandet. Dort fiel das herrenlose Gepäck tagelang nicht weiter auf.

Spartrip von Norwegen zum Lago Maggiore

Eindrücke, die Motorjournalisten beruflich gewinnen, sind vielseitig. Naheliegend ist, dass sich die Erlebnisse stets irgendwie um Autos drehen. Motorräder sind eher selten ein Thema. Natürlich gibt es Motorjournalisten, auch Zeitschriften, die sich ausschließlich mit Motorrädern befassen. Sie leben in einer eigenen Welt. Eher selten dreht sich bei ihnen ein Beitrag, eine Debatte etwa um den Kraftstoffverbrauch. Bei der journalistischen Autosparte hat dieses Thema dagegen erheblichen Stellenwert.

Gelegenheit zu beweisen, wie der Kraftstoffverbrauch eines Autos ganz wesentlich auch vom Fahrverhalten abhängt, hatten 120 Motorjournalisten bei der Audi Efficiency Challenge, einer Testfahrt mit Startort hoch im Norden Norwegens. Ziel war das Ufer des Lago Maggiore in Italien. In neun Tagen wurden mit 20 aktuellen Audi-Modellen acht europäische Länder durchquert und dabei rund 4.200 Kilometer zurückgelegt. Zwei Journalisten, Fahrer und Beifahrer, übernahmen jeweils ein Fahrzeug für eine Etappe.

Bewältigt werden musste der ganz normale Alltag auf der Straße. Es gab also wiederholt auch Stop-and-Go-Betrieb, nicht nur in den Metropolen. Die Fahrtroute führte über Bergpässe und Autobahnen. Nach jeder Fahretappe wurde der Kraftstoffverbrauch der Testwagen beim Nachtanken gewissermaßen tropfengenau ermittelt. Die Ergebnisse sprachen für Audis „Vorsprung durch Technik", waren aber eben auch Beweis dafür, dass sich der Kraftstoffverbrauch ganz wesentlich vom Fahrverhalten beeinflussen lässt.

Wir, mein Lenkradpartner und ich, drückten den Durchschnittsverbrauch eines Audi Q7 TDI V12 (!) auf 9 l/100 km!
Das Ergebnis unserer anhaltenden Mühe, einerseits zügig unterwegs zu sein, andererseits aber mit möglichst wenig Motorleistung auszukommen, war für uns und auch die Jury erstaunlich. Es hatte Folgen. Keine unangenehmen. Neben anderen erfolgreichen Sparkünstlern wurden wir zur abendlichen Siegerehrung im Berliner „Hotel de Rom" auf die Bühne gerufen.

Audi Q7 TDI V12 nach dem Start zur „Audi Efficiency Challenge" in Norwegen.
Foto: privat

Mit welchen faulen Tricks wir die V12-Zauberei denn hingekriegt hätten, frotzelten Kollegen anschließend. Beichten konnten wir nur, unterwegs keine Gelegenheit ausgelassen zu haben, um die Schwungmasse des schweren Wagens auszunutzen, dem dicken Dieselmotor aber möglichst wenig Leistung abzuverlangen. Spontane motorische Temperamentsausbrüche – tabu! Maßgeblich beteiligt am extrem geringen Kraftstoffverbrauch des Zwölfzylinders war anhaltend vorausschauendes Fahren. Vom Gaspedal nimmt man den Fuß eben nicht erst 30 Meter vor einer roten Ampel, um dann flugs aufs Bremspedal zu wechseln. Es geht effizienter. Selbst aus größerer Distanz rollt ein Auto allein mit seinem aufgenommenen Schwung meistens noch bis zur roten Ampel.

Stippvisiten: Alles auf die China-Karte?

Wer in China die Aktivitäten ausländischer Automobilhersteller und Zulieferer direkt vor Ort wahrnimmt, hat dabei eigene Gedanken. Mir ging es mehrfach so.

Zum Einmaleins erfolgreicher Geschäftsphilosophie auch deutscher Unternehmen wurde, nach China zu exportieren oder gleich dort zu produzieren. Die Rechnung scheint im Großen und Ganzen aufzugehen. Wahr bleibt, gäbe es den gewaltigen chinesischen Nachholbedarf an Autos nicht, wäre es um die jährlichen Bilanzen auch deutscher Automobilhersteller weit weniger gut bestellt. Wie lange aber kann das so gehen? – Anhaltender unternehmerischer Erfolg lässt leicht vergessen, mit welchem Partner man sich eingelassen hat. Die Uhren in der Volksrepublik China, in dem die kommunistische Partei nach wie vor mit starker Hand regiert, ticken völlig anders als in Gesellschaften, in denen Demokratie und freie Marktwirtschaft zu Hause sind.

Geht es um die wirtschaftlichen Geschicke des Landes, haben immer auch die Ideologen der KP Chinas die Finger im Spiel. Willkommene kapitalistische Schützenhilfe hievte Chinas Volkswirtschaft in historisch kurzer Zeit auf Augenhöhe mit den USA. Fatal wäre, das angesichts der erstaunlichen wirtschaftlichen Fortschritte enorm gewachsene Selbstbewusstsein der Chinesen zu ignorieren.

Vor der Kulisse des bevölkerungsreichsten Landes der Erde ist nicht zuletzt zu verinnerlichen, dass China die weltweit größten Devisenreserven hat. Kaum zu glauben auch das: Eine Volksrepublik brachte es tatsächlich zum wichtigsten Auslandsgläubiger der USA! Sonnen kann sich China auch im Lichte eines globalen Mammutexporteurs und des weltgrößten Industriestandorts. Von der militärischen Stärke dieses Riesenlandes ganz zu schweigen.

Der Boom des Wirtschaftswachstums mit Siebenmeilenstiefeln hält aber nicht an. Das zeichnet sich inzwischen ab. China beschäftigen Probleme, die sich bislang hinter der Kulisse eines unaufhaltsamen Aufstiegs zur neuen Weltmacht verbargen. Chinas Bevölkerung profitiert höchst unterschiedlich vom wundersamen wirtschaftlichen Aufschwung. Er ist nicht zuletzt dem Heer der Wanderarbeiter zu verdanken, die schlecht bezahlt werden und unter menschenunwürdigen Bedingungen leben. Und nachdenklich stimmen muss, dass China immer wieder ernüchternden Anschauungsunterricht für geknebelte Meinungs- und Pressefreiheit liefert.

Noch gibt es keine Anzeichen dafür, dass marktwirtschaftliche Freiheiten nicht länger geduldet werden. Was aber dann, wenn es der chinesischen Funktionärselite gefallen sollte, dass ausländische Investoren – aus welch vorgeschobenen Gründen auch immer – wieder ihre Sachen packen? –.Weil man sie nicht mehr braucht. Ist den Chinesen mittlerweile doch viele Jahre lang vor Ort gezeigt worden, wie man wettbewerbs- und exportfähige Produkte herstellt. Auch Autos. Die Lehrer kann man eigentlich wieder nach Hause schicken.

Crahstests im schweizerischen Wildhaus

Seit 1985 führen die schweizerische Versicherung AXA Winterthur und Dekra gemeinsam Crashtests durch. Die Zusammenarbeit ist längst zu einer nützlichen Tradition geworden. Einmal im Jahr werden gewonnene Untersuchungsergebnisse auf der Crashanlage im schweizerischen Wildhaus der Öffentlichkeit präsentiert. Eingeladen werden dazu auch Medienvertreter. Ich habe die interessante Veranstaltung wiederholt besucht, um über die kooperativen Aktivitäten von AXA und Dekra zu berichten. Im Internet sind die Schwerpunktthemen der Zusammenarbeit in den vergangenen Jahren aufgelistet, die jeweils entsprechende Crashversuche auf der Anlage in Wildhaus begleiteten.

Alle gewählten Crashkonfigurationen sind vom realen Unfallgeschehen im alltäglichen Straßenverkehr abgeleitet. 2014 zeigten live-Crashtests vor Publikum beispielsweise u.a., wie sich die Sicherheit von Pkw-Insassen beim Aufprall eines Kleinwagens auf die Flanke eines Mittelklassewagens im Laufe der Jahre verbessert hat. Der aufprallende Kleinwagen war vorher auf eine Geschwindigkeit von 50 km/h beschleunigt worden. Um den erreichten Fortschritt bei der passiven Sicherheit zu demonstrierten, wurde dieser spezielle Crash mit Autos unterschiedlicher Jahrgänge vorgenommen.

Motorjournalistischer Alltag

Mancher mag fragen, wann Motorjournalisten, die so viel unterwegs sind, eigentlich arbeiten, sprich schreiben. Unterwegs – bei großen „Luftsprüngen" von Kontinent zu Kontinent sowieso – wird einfach jede Gelegenheit zum Schreiben genutzt. Der Laptop macht vieles möglich. Eine Steckdose zum Aufladen seines Akkus findet sich immer irgendwo. In Hotels gehört WLAN mittlerweile zum erwarteten Ausstattungsstandard.

Die modernen Kommunikationsmittel, eigentlich immer am Mann, erleichtern aktuelles journalistisches Arbeiten sehr. Sie setzen aber auch unter Druck. Weil der Ehrgeiz groß ist, bei aktuellen Anlässen die eigene Botschaft möglichst zeitnah zu senden und zu verbreiten. Naja, nicht jeder Kollege beteiligt sich an solchem Wettbewerb. Doch jeder könnte, wenn er denn wollte.

Dass Motorjournalisten die Rund-um-Sorglos-Pakete unzähliger Flüge und Hotelaufenthalte nicht reiner Nettigkeit einladender Unternehmen verdanken, lässt sich denken. Stets ist da eine Überlegung im Spiel. Automarken sehen in der journalistischen Ausbeute ihrer Einladungen einen Teil unverzichtbarer Produktwerbung. Die lässt man sich etwas kosten. Wie sonst wollten Fahrzeughersteller die Existenz neuer Modelle publik machen? Werbende Anzeigen in Zeitungen und Zeitschriften, selbst auffällige ganzseitige, können immer nur kurze Schlaglichter auf automobile Neuerscheinungen werfen. Erst über redaktionelle Beiträge in den Printmedien, übers Fernsehen oder Internet lassen sich umfassendere Informationen an jene herantragen, die einmal Käufer der vorgestellten Neufahrzuge werden sollen.

Von Motorjournalisten verfasste Fahreindrücke rücken Fahrzeuge auf unterschiedliche Weise ins Licht. Diese Vielseitigkeit, mit der ein neues Fahrzeug ins Gespräch kommt, ist werbetechnisch von Wert. Allerdings: Nicht jede Zeile vermeintlich eigener Texte stammt vom ausgewiesenen Verfasser. Mancher macht sich's einfach und baut Passagen offizieller Pressetexte in Eigenbeiträge ein. Fahrzeugherstellern kann letztlich jeder Text recht sein, der ihrem Produkt gewidmet wird, solange er im Kern einen positiven Drall hat.

Von Testwagen und Fahrberichten

Meist lebt das Bild des Motorjournalisten von der Vorstellung, dass in diesem Beruf jederzeit die aktuellsten Modelle der Auto- oder Motorradhersteller als Testfahrzeuge zur Verfügung stehen. Bei „Wünsch Dir was" sehen sich Motorjournalisten aber nicht. Gewöhnlich bekommt ein Testfahrzeug nur derjenige, dessen Fahrbericht in einer auflagenstarken Zeitung bzw. Zeitschrift erscheint, auf einem namhaften Internet-Portal veröffentlicht wird oder in einem Fernsehkanal. So gut wie unterschrieben ist der Überlassungsvertrag für einen beantragten Testwagen wohl auch dann, wenn bekannt ist, dass der Fahrbericht „vervielfältigt" werden wird, indem ihn etwa mehrere auflagenstarke lokale Anzeigenblätter übernehmen.

In meiner Testwagenzeit ist es übrigens nicht vorgekommen, dass die Presseabteilung irgendeiner Marke versucht hat, einen Fahrbericht vor der Veröffentlichung in ihrem Sinne "nachzubessern".

Testfahrzeuge werden im Überlassungszeitraum – üblicherweise zwei Wochen – meist täglich bewegt, um zügig hinter deren Vorzüge und Nachteile zu kommen. Da kommt Termindruck auf. Spätesten wenn Fotos vom Testfahrzeug gemacht werden sollen, muss auch das Wetter mitspielen. Regen oder Schnee kann man nicht brauchen. Ärgerlich ist schon ein langer Weg von der Tankstellen-Waschanlage zum vorgesehenen Fotopunkt.

Ein nur kurze Zeit zur Verfügung stehendes Testfahrzeug kann erheblich unter Druck setzen. Schließlich soll der Fahrbericht möglichst komplett verfasst sein, bevor das Testfahrzeug wieder vom Hof ist. Weil beim Schreiben immer mal wieder Fragen auftauchen, die sich nur anhand des Objekts beantworten lassen.

Fazit: In schneller Folge regelmäßig Fahrberichte verfassen zu wollen, kann sich als anstrengende Beschäftigung erweisen. Außenstehende sehen das meist anders.

Immer wieder Kommentare …

Im Umgang mit Testfahrzeugen erschöpft sich motorjournalistische Arbeit nicht. Deren wesentlicher alltäglicher Bestandteil sind das Kürzen und Straffen von Presseinformationen für eine Zeitschrift, eine Zeitung, ein Internetportal. Der Computer eines Motorjournalisten wird mit E-Mails der Fahrzeug- und Zubehörbranche geradezu geflutet. Möglichst täglich sind eingehende Informationen zu sichten, um auf Wichtiges aufmerksam zu werden und Unwichtiges umgehend zu löschen.

Häufig genutzte Informationsquelle sind Agenturmeldungen. Die gehen sozusagen an alle. Erst Eigenbeiträge können einem Medium ein unverwechselbares Profil verschaffen. Dann erst recht, wenn sie Themen gewidmet sind, die von der Mehrheit der Motorredaktionen übergangen werden, aus welchem Grunde auch immer.

Über Autos und Motorräder habe auch ich viel geschrieben. Doch ich betrachte es ebenso als Aufgabe eines deutschen Motorjournalisten, immer wieder Themen aufzugreifen, Vorgänge zu kommentieren, die Fahrzeugbesitzer in unserem Land unmittelbar berühren. Zwei solcher Kommentare seien hier zitiert:

Bei Verkehrsunfällen genauer hinsehen!

„Straßenverkehrsunfälle fordern immer weniger Todesopfer. Eine erfreuliche Tendenz. Dass der Trend irgendwann zum Stillstand kommt, ist freilich absehbar. Das zeigen die letzten Jahre. 2011 verunglückten auf deutschen Straßen 3.991 Verkehrsteilnehmer tödlich. Das waren 343 mehr als ein Jahr davor. 2012 gab es wieder weniger Verkehrstote, nämlich 3.606. Ein Jahr später, 2013, waren es sogar nur noch 3.339. 2014 aber stieg die Zahl wieder an. Auf 3.368.

Einfluss auf die Veränderungen mögen die unterschiedlichen Wetterbedingungen in den einzelnen Jahren gehabt haben. Unfallursache Nummer eins dürfte nach wie vor menschliches Fehlverhalten sein. Dementsprechend fallen die Reaktionen und Kampagnen aus. Der Deutsche Verkehrssicherheitsrat (DVR) fordert ein absolutes Alkoholverbot am Steuer und für Fahranfänger eine verpflichtende Verlänge-

rung des Lernzeitrums. Für „gut und wichtig" hält der DVR, dass die Sicherheit auf den Landstraßen zentraler Bestandteil der nationalen Verkehrssicherheitskampagne „Runter vom Gas" wurde. Vom „Brennpunkt Landstraße" ist die Rede.

Offenbar dienen Kampagnen und Schlagworte als beruhigende Hoffnungsträger. Der Auto Club Europa (ACE) hält der Bundesregierung vor, den finanziellen Einsatz für Verkehrssicherheitsarbeit massiv zurückgefahren zu haben, gleichzeitig aber mit dem nationalen Programm für mehr Verkehrssicherheit die Zahl der Verkehrstoten bis 2020 um 40 Prozent reduzieren zu wollen. Wie soll das gehen?

Unfallanalysen der Unfallforscher lassen bis zu tatsächlichen Unfallursachen vordringen. Daraus sind konkrete Schlussfolgerungen zu ziehen. Bei zeitnahen Unfallaufnahmen unmittelbar auf der Straße aber geht es gewöhnlich anders lang. Da hat ein Beteiligter von vornherein schlechte Karten, dem vorgeworfen werden kann, in der Unfallsituation einfach zu schnell gewesen zu sein. Bei derart zügiger Aufarbeitung des Geschehens gerät die eigentliche Unfallsache leicht ins Abseits.

Auch die gängige Praxis, mit Blick auf die Verkehrsunfallstatistik zuerst motorisierten Verkehrsteilnehmern den Schwarzen Peter zuzuschieben, stumpft mit der Zeit ab, verliert ihre Wirkung. Radfahrer und Fußgänger sind zweifellos die Schwächeren, können aber mit einem Fehlverhalten ganz erhebliches Unheil anrichten.

Möge die Einsicht siegen, dass sich die Zahl der Verkehrsunfälle, vor allem solcher mit Todesfolge, nur weiter reduzieren lässt, wenn sich ausnahmslos jeder Verkehrsteilnehmer absolut regelkonform und rücksichtsvoll gegenüber anderen verhält. Die Erfahrung, dass jedes ordnungswidrige Verhalten prompt geahndet wird, dürfte sich bei Radfahrern und Fußgängern aber erst dann einstellen, wenn Verwarn- und Bußgeldforderungen nicht weiterhin einen großen Bogen um sie machen."

„Wer später bremst, fährt länger schnell ..."

„Gute Ratschläge sind von Wert. Dass sie nicht in den Wind geschlagen werden, kann derjenige, der sie erteilt, lediglich hoffen. Motorradfahrern beispielsweise wird alle Jahre wieder ins Gewissen geredet, nicht übermütig in den Frühling zu starten.

Auf drängt sich das Bild von Pferden, die nach langem Verweilen im Stall endlich in die Sonne und die Freiheit einer Koppel entlassen werden. Dort preschen sie dann los, toben sich aus, als gebe es kein Morgen. Übermütige Motorradfahrer, die sich beim Saisonstart ähnlich verhalten, fallen zwar auf, sind zum Glück aber Ausnahmen. Das berücksichtigen pauschale Vorwürfe an die Adresse der Biker nicht.

Vielmehr hat auf breiter Front das Vorurteil Vorfahrt. Argumentiert wird so, als rasten Motorradfahrer grundsätzlich. Um eine Definition des Begriffes ´Rasen´ bemüht sich ohnehin niemand.

Zu verinnerlichen gilt: Das vermeintliche Dauerschnellsein der Motorradfahrer basiert auf den Vorzügen ihrer Maschinen. Sie sind einfach wendiger, schmaler, leichter und letztlich spurtstärker als Pkws. Während auf Motorradfahrer mit Fingern gezeigt wird, wirft Pkw-Fahrern niemand vor, dass sie sich sehr viel zügiger als Lkw oder Busse bewegen. Es ist nun einmal so, dass die Größe und die Physik maßgeblich mitbestimmen, was mit dem jeweiligen Fahrzeug möglich ist.

Dass Motorradfahrer in vielen Verkehrssituationen einfach besser dran sind als andere Motorisierte, sollte als eine Art Ausgleich für ihre dürftige passive Sicherheit akzeptiert werden. Die Splitterfraktion kopflos dahin preschender Motorradfahrer allerdings muss sich das Urteil gefallen lassen, dass es ihr offensichtlich an Erkenntnissen und Erfahrung im Umgang mit einem Motorrad fehlt.

Um jeden Preis schneller sein zu wollen als alle anderen, quasi immer, in jeder Situation, selbst zum offenkundigen Nachteil anderer, ist kein Beleg für fahrerisches Können.

Vermutlich werden sich jene, die das albere Motto begleitet, ‚wer später bremst, fährt länger schnell‘, nicht lange über die dümmliche Logik ihres Leitspruchs amüsieren können. Die eigene Fehlbarkeit wird sie einholen. Vielleicht schon morgen."

Es geht nicht nur um Autos und Motorräder

Autos und Motorräder waren mein tägliches Thema. In Kommentaren befasste ich mich aber auch mit dem Tagesgeschehen, wenn es Fahrzeugbesitzer in irgendeiner Weise berührte. Allein die Überschriften ließen ahnen, worum es ging:

„Beugehaft" für Motorisierte auf Berlins Straßen
Berlin gibt sich weltstädtisch. Zu Recht. Damit die deutsche Metropole auch mit Fahrzeugströmen aufwartet, die den Berlin-Touristen beeindrucken, hilft die Stadtverwaltung gezielt nach. Sie organisiert Staus. Das ist einfach gemacht. Es genügt, als Tempolimit immer öfter 30 km/h zu verordnen. Auf diese Weise ist die Berliner Stadtverwaltung mit dem Organisieren weltstädtischer Staus schon gut vorangekommen ... (Januar 2012)

Wer sich was traut, kommt mit der Maut
Alle Jahre wieder. Ehe sich die Politik in den Sommerurlaub verabschiedet, schüttet sie für die Medien noch reichlich Themenfutter, damit das Volk ein paar Wochen lang etwas hat, das von den großen Problemen ablenkt, die EU und Euro bescheren. Mittlerweile aber hat den frustrierten Wähler eine erstaunliche Portion Gleichmut befallen, die einfach besser aushalten lässt, dass die Politik längst auf die Stimmung im Lande pfeift ... (Mai 2012)

Noch eine deutsche Wende. Vom Auto- zum Fahrradland?
Gar keine Frage. Der elektrische Hilfsantrieb beschert dem Fahrrad viele neue Freunde. Allein im vergangenen Jahr sollen in Deutschland mehr als 310.000 Pedelecs an den Mann oder an die Frau gebracht worden sein. Bundesverkehrsminister Ramsauer sieht, dass der Elektroantrieb dem Fahrrad nun auch im ländlichen Raum zunehmend Sympathien einbringen wird, nachdem es die Drahtesel in Städten schon lange darauf anlegen, den Pkw als individuelles Nahverkehrsmittel zu verdrängen... (Juni 2012)

Geschürte Endzeitstimmung. Aus fürs Erdöl?

Sie ist allgegenwärtig: Endzeitstimmung in Raten. Irgendein Teufel wird sich schon finden, der sich als Hiobsbotschaft an die Wand malen lässt, um nicht zuletzt eine politische Zielsetzung zu begründen. Zur „Rettung des globalen Klimas" wird mit dem bedrohlichen Szenario hausieren gegangen, dass die globale Temperatur bis zum Jahr 2100 um zwei bis sechs Grad ansteige, falls der Kohlenoxidausstoß nicht entschlossen bekämpft werde. Was aber, wenn die dann lebenden Menschen feststellen, dass sich ihre Vorfahren gewaltig geirrt haben? (Juni 2012)

Journalistische Frömmigkeit

Nicht nur am Tag der Journalisten ist Gelegenheit, sich damit zu beschäftigen, ob deutsche Journalisten, auch Motorjournalisten, frei heraus persönliche Meinungen formulieren können, ohne nachhaltige Konsequenzen befürchten zu müssen. Die eine oder andere Abhängigkeit ist Realität. Mitunter kann es vernünftig sein, als Einzelkämpfer ein heißes Eisen besser nicht anzupacken. Glücklicherweise ist es nicht typischer Stil von Automobilherstellern, etwa besonders kritische Tester ihrer Produkte kaltstellen zu wollen.

In jüngster Zeit erinnern deutsche Automobilhersteller bei Einladungen daran, dass – wie es etwa bei Audi heißt – „Zweck der Veranstaltung die Information der Medien über Produkt- und Unternehmensthemen" sei. Ausdrücklich hingewiesen wird darauf, dass die Einladung „nicht mit dem Ziel ausgesprochen wurde, die journalistische Unabhängigkeit zu beeinflussen oder auf andere Weise zu bewirken, dass gesetzliche Vorschriften verletzt werden, die den Wettbewerb verzerren könnten".

Das ist, meine ich, letztlich Aufforderung, sich mit der eigenen Meinung zu Veranstaltungen oder zu Produkten einer Marke nicht zurückzuhalten. Auf journalistische Frömmigkeit, die sich an offiziellen Verlautbarungen orientiert – wo immer sie herkommen mögen – werden Leser, Hörer oder Zuschauer gern verzichten wollen.

Recherchiert: Das lange Sterben von MZ

Motorjournalisten, die sich mit dem Geschehen in der Fahrzeugindustrie und der internationalen Wirtschafts- oder Umweltpolitik auseinandersetzen, machen die Erfahrung, dass ein einziges Thema sehr beschäftigen kann, ehe aus gesammelten Erkenntnissen ein Beitrag wird.

Unter der Überschrift „Das lange Sterben von MZ" zeichnete ich beispielsweise nach, was mit der traditionellen deutschen Motorradmarke MZ nach der Wiedervereinigung passierte. Ende 2008 hatte MuZ, die nun so firmierende Motorrad und Zweiradwerk GmbH, ihre noch verbliebenen 40 Mitarbeiter nach Hause geschickt. Das ist weitgehend bekannt. Die Hintergründe des Geschehens sind nicht untypisch für das Ende auch anderer ehemaliger volkseigener Betriebe, die als unliebsame mögliche Konkurrenten ausgeschaltet wurden. Oft auf raffinierte Weise.

Wie das Unternehmen MZ etappenweise zur Strecke gebracht wurde, habe ich aufmerksam verfolgt und die Vorgänge in mehreren Beiträgen beleuchtet.

Chronologie eines Ausbremsmanövers

Nach Mauerfall und Wiedervereinigung schien sich MZ, die traditionsreiche Motorradmarke mit DKW-Wurzeln, für eine erfolgreiche Karriere ohne planwirtschaftliche Fesseln entschlossen fit zu machen. Von Anfang an aber befand sie sich in einer ungewohnten Konkurrenzsituation, die – wie sich bald herausstellte – den zügigen Start in die Marktwirtschaft erschweren und schließlich ganz vereiteln sollte. MZ hatte etwas, was BMW nicht hatte. Zoff war vorprogrammiert. Dass aus einem „VEB" keine Motorräder mehr rollen würden, war nach dem Ende der DDR logisch. VEB hatte ausgedient. Kein Grund zum Trauern. Ernst wurde es erst, als die bundesdeutsche Treuhandanstalt ein Sanierungskonzept zur – wie es hieß – „Sicherung der Wettbewerbsfähigkeit" von MZ vorlegte, das von der Betriebsleitung des Zschopauer Werkes aber abgelehnt wurde.

Prompt drohte die Anstalt unter der Präsidentschaft jener Frau, die sich bald einen wenig ehrenvollen Namen machte, die Liquidation des Unternehmens bis Mitte 1992 an. Diese Frau schien nicht lange fakkeln zu wollen. In Zschopau ahnte man jedenfalls, was die Glocke geschlagen hatte. Bangemachen aber galt nicht. Selbstbewusst ging die verbliebene Belegschaft 1991 daran, wie bisher ordentliche, zuverlässige Motorräder auf die Räder zu stellen – auch nachdem das Motorradwerk Zschopau zum Motorrad und Zweiradwerk (MuZ) umgetauft wurde. Aus dem VEB wurde eine GmbH. Deren Verwaltung zog 1993 in den Nachbarort Hohndorf um.

Und nachdem im Februar 1994 das letzte Motorrad im traditionsreichen Zschopauer Werk vom Band gelaufen war, eine zweitaktende 125er „Saxon Sportstar", wurde auch die Fertigung nach Hohndorf verlagert. Nach und nach formierte sich eine ganz neue Modellpalette, die sich zunehmend vergrößerte. Darunter waren die ersten MuZ-Viertakter – getauft „Skorpion Sport" und „Silver Star Classik" mit 660- bzw. 500-ccm-Einzylindermotor.

Wer aber weiß heute noch, dass es bereits zu DDR-Zeiten ein Einzylinder-Viertakt-Motorrad mit dem Markenzeichen MZ gab! Genau an dieser Maschine hing das Wendeschicksal der Marke maßgeblich.

Das Motorrad hatte sein Entstehen einem Auftrag der DDR-Obrigkeit zu verdanken. Weil MZ-Zweitakter mit ihrer bläulichen Abgasfahne auf Dauer keine Empfehlung für die Maschinen polizeilicher Begleitstaffeln waren, die immer mal wieder Limousinen mit Staatsgästen zu eskortieren hatten, war MZ beauftragt worden, eine „rauchfreie" Viertakt-Maschine für solche Einsätze zu konzipieren. Daraufhin entstand in Zschopau die „Escort"-MZ mit 500-ccm-Rotax-Motor. Zum eigentlich angedachten Einsatz kam die spezielle Maschine nicht mehr. Die Wende war schneller.

MZ nutzte die Gunst der Stunde und trieb die Entwicklung dieser Viertakt-Maschine fortan mit zivilem Outfit voran. In der Überzeugung, dass ein sportlich daherkommender Einzylinder-Viertakter mit dem MZ-Label durchaus Chancen auf dem Motorradmarkt haben würde. Das muss auch BMW so gesehen haben. Die 27 PS leistende, nüchtern „MZ 500 R" getaufte und ab 1991 ausgelieferte Maschine wurde zum „Streitobjekt der Begierde" zwischen den Sachsen und den Bayern, wie ich im Branchendienst „PS-Report" im April 1992 formulierte.

Heute, nachdem bei MuZ die Lichter endgültig ausgegangen sind, ist durchaus Veranlassung, noch einmal an die Hund-und-Katze-Situation zwischen MZ und BMW Anfang der Neunzigerjahre zu erinnern. MZ hatte etwas, was BMW seinerzeit fehlte: eine preiswerte Einsteiger-Maschine für Viertaktliebhaber. Damals beobachtete der Branchendienst „PS Report": „Ton und Gangart im Umgang mit MZ werden zunehmend rauer." Die „Treuhand", die – wie sich bald herausstellte – diese Bezeichnung in zahlreichen Fällen völlig zu Unrecht trug, setzte MZ „kurzerhand erpresserisch die Pistole auf die Brust". Die Forderung: 12.500 verkaufte Motorräder bis 30. Juni 92! Oder es ist unwiderruflich aus.

Und damit „das treuhänderische Ultimatum die nötige Brisanz erhielt", so schrieb ich damals, „verordneten Breuel & Co. dem eingeschüchterten Unternehmen gleich noch einen außerordentlichen vertrauen- und verkaufsfördernden Zusatz zur Firmenadresse: GmbH i. L. – eine Art Betäubungsspritze für die aufmüpfigen Zschopauer. Wer, bitte, sollte Verlangen spüren, mit einer „Gesellschaft in Liquidation" ins Geschäft zu kommen!

Mit diesem eiskalten Bremsmanöver wollte es der damalige BMW-Chef nicht bewenden lassen. In einem Brief an einen Bundesminister fand er ausgesprochen aufmunternde Worte: „MZ besitzt nach unserer Auffassung eigentlich kaum noch eine Substanz. Es gibt weder eine Entwicklungsabteilung, die zukunftsversprechend ist, geschweige denn, dass konkurrenzfähige Produkte vorhanden sind."

Derweil brachte das Gerücht vom Dienst in Umlauf, dass es bei BMW Überlegungen gebe, ebenfalls eine Einzylinder-Maschine für Einsteiger zu konzipieren; zusammen mit Aprilia. Ich fragte nach. BMWs damaliger Motorradpresse-Chef bestätigte auf meine Fax-Anfrage im Mai 92: „Wir beschäftigen uns schon seit längerer Zeit mit dem Thema eines BMW-Einsteigermotorrads. Aus ersten Kontakten mit dem italienischen Motorradhersteller Aprilia Anfang 1989 entwickelte sich im Laufe der Zeit eine konkrete Kooperationsprojektidee, die kurz vor einem Vertragsabschluss steht. Ziel der Kooperation zwischen BMW und Aprilia ist die gemeinsame Entwicklung eines Einsteigermotorrads für BMW, das einen modifizierten 650-cm^3-Einzylindermotor von Rotax (! – d. A.) erhalten und bei Aprilia in Noale gebaut werden soll."

Alles klar? – Längst ist alles Geschichte. Weder der angedachte viertaktende Hoffnungsträger Skorpion anno 1994 mit 650-ccm-Motor von Yamaha noch die kantig-sportliche zweizylindrige 1000er, eine in der Bikerszene hochgelobte Eigenentwicklung (117 PS), konnte den früh eingeleiteten Niedergang der Zschopauer Motorradtradition aufhalten.

MuZ gibt es nicht mehr. Die bewegte Erlebnisschleife der traditionsreichen deutschen Motorradmarke nach Mauerfall und Wiedervereinigung fand ein Ende, nachdem der letzte Eigner, der malaysische Investor Hong Leong Industries, das Handtuch warf. Absatz und Erlös hätten nicht befriedigen können, klagte das Unternehmen, das Ende 1996 ins MuZ-Geschäft eingestiegen war, um – wie es seinerzeit kundtat – das Unternehmen binnen zehn Jahren wieder zu einem wichtigen europäischen Motorradhersteller zu machen. An das Vorhaben hätte man Hong Leong zehn Jahre später, 2006, erinnern sollen.

Punktgenau mit der Geschäftsaufgabe lief Ende 2008 die Bindefrist für Fördermittel des Freistaates Sachsen aus, die jahrelang zu MuZ nach Zschopau flossen. Das Zusammenfallen von Geschäftsaufgabe und Versiegen des Fördermittelquells ist natürlich reiner Zufall.

Sicher, den Nachwende-Neustart der weltweit bekannten Motorräder aus dem Erzgebirge haben auch Managementfehler und zeitweilige personelle Fehlbesetzungen bei der Geschäftsführung nicht gefördert. Den neuen, bis 2004 amtierenden Chef fesselten offenbar andere Leidenschaften. Kein Mensch brauche doch eine MZ, soll er einmal gesagt haben.

Für die frühe Lähmung der Marke MZ, die letztlich auf ein langsames Sterben hinauslief, haben die Zschopauer Motorradbauer keineswegs selbst gesorgt. Im Gegenteil! Das Beharrungsvermögen, mit dem sie sich für den Fortbestand einer erfolgreichen deutschen Motorradmarke einsetzten, bleibt bewundernswert.

Ein finales Kapitel folgte. 2009 übernahm der Ex-Rennfahrer Martin Wimmer das, was von MZ noch übrig war. Dieser Versuch, das Traditionsunternehmen doch noch irgendwie zu retten, scheiterte offensichtlich daran, dass Wimmer – wie er selbst in einem Buch zum Geschehen rund um sein Engagement schreibt – von der Bank in die Insolvenz getrieben wurde.

Das Sterben von MZ ist eines der unrühmlichen Beispiele, wie im Zuge der deutschen Wiedervereinigung mit jenen ehemaligen „volkseigenen Betrieben" umgesprungen wurde, für deren – allen Klischees zum Trotz – durchaus erfolgreich konkurrierende Produkte in der Marktwirtschaft besser kein Platz sein sollte.

Neuer Titel, neues Konzept

Zurück zu „meiner „Zeitschrift". Sie wäre im Wendejahr 1990 37 Jahre alt geworden. Unter der Regie der Motorpresse Stuttgart bekam „Der Deutsche Straßenverkehr" ein anderes, ein moderneres Outfit. Das tat der Zeitschrift gut. An ihren Ursprung erinnerte im neuen Titel nur noch der aus juristischen Gründen übernommene Begriff „Straßenverkehr". Was keine Überraschung war, trat ein: Die jahrzehntelange riesige Auflage ließ sich nicht annähernd halten, als sich „AUTO Straßenverkehr" nun gegenüber anderen deutschen Auto- und Motorradzeitschriften behaupten musste. Quasi über Nacht hatte sich die Zeitschrift auch inhaltlich ganz anders auszurichten. Das Thema Selbsthilfe, über all die DDR-Jahre hinweg Leitmotiv unserer journalistischen Arbeit, verlor seine Bedeutung. Selbst Hand anlegen brauchen Fahrzeugbesitzer eben nicht, wenn es ein ganzes Netz von Fachwerkstätten gibt, die auf Kundschaft warten.

Dass „AUTO Straßenverkehr" dem Motorrad von Anfang an keine Aufmerksamkeit mehr schenkte, verwundert nicht. Deutschland wird eben zuerst als Autoland wahrgenommen. Selbst in der Öffentlichkeitsarbeit des allmächtigen ADAC ist bei jedem Statement, jedem Appell oder jedem Protest des Clubs immer nur vom deutschen Autofahrer die Rede.

Es fällt auf, dass die 75 Seiten der Zeitschrift „AUTO Straßenverkehr", die zweimal im Monat erscheint, weit weniger mit Anzeigen garniert sind als etwa die Seiten von „auto motor und sport". Ablesen lässt sich daran, welch unterschiedliche Bedeutung Anzeigenkunden den beiden Zeitschriften beimessen. Dass „AUTO Straßenverkehr" in erster Linie als Verkaufshelfer für Automobilhersteller fungiert, ist nicht zu übersehen. Autovorstellungen, Kaufberatungen, Einzel- und Vergleichstests sind inhaltlicher Kern der Zeitschrift.

Nach der Übernahme der transpress-Zeitschrift durch die Motor Presse Stuttgart residierte die Redaktion anfangs noch in Berlin-Pankow. Auch einige Journalistenkollegen mit DDR-Vita wurden zunächst weiter beschäftigt. Systematisch aber rückte die Motor Presse das Objekt „AUTO Straßenverkehr" immer weiter ans Stuttgarter

Stammhaus heran. Schließlich zog die Redaktion nach Stuttgart um, ihr Personalbestand wurde hochgerüstet. Stand 2015: Neben dem Chefredakteur gibt es einen Redaktionsleiter, und im Impressum werden allein fürs „Content Delivery Management" (!) sieben Verantwortliche aufgeführt. Auch der Bereich „Test & Technik" präsentiert sich personell gut aufgestellt. Dafür stehen 16 Namen. Zwei weitere Mitarbeiter betreuen den Komplex "Neuheitern & Magazin", und nicht weniger als sieben Kreative machen sich im Grafik-Pool zu schaffen.

Das ohnehin schon beträchtliche redaktionelle Potenzial, über das die Motor Presse verfügen kann, vergrößern nun nutzbare Synergieeffekte weiter. Nicht jede Zeitschrift des Hauses muss ja, wie es sprichwörtlich so schön heißt, „die Brotsuppe neu erfinden". Das gilt nicht nur für Fahrzeugbeurteilungen (siehe Kapitel „Kündigung. Ganz freiwillig") Die Spielräume, die redaktioneller „Querverkehr" eröffnet, sind groß. Dementsprechend vorteilhaft, davon darf man wohl ausgehen, sind die Auswirkungen auf die Geschäftskosten.

Verlorene journalistische Unschuld

Wer jahrzehntelang motorjournalistisch tätig ist, macht sich Gedanken, wie es mit unserem Berufsstand weitergehen wird. Beobachten lässt sich, wie Motoredaktionen oder auch journalistische Einzelgänger ihre Unschuld verlieren, indem sie ihren Journalismus lukrativen Aufträgen unterordnen. Durchgängige Objektivität muss zwangsläufig auf der Strecke bleiben.

Solche Tendenz gibt es leider in der gesamten Medienbranche. Nie Zufall ist, wenn ein brandneues Auto in redaktionellen Beiträgen über den grünen Klee gelobt wird und ein paar Seiten weiter eine ganzseitige Anzeige die Aufmerksamkeit der Leser auf eben diese Neuerscheinung einer Automarke lenkt. Anzeigen bringen Geld. Viel Geld. Eine Hand wäscht die andere. Übers Geschäftemachen verliert der journalistische Beruf an Glaubwürdigkeit. Heute stehen Namen von Journalisten gar auf der „Payroll" von Unternehmen. Derart Gesalbte beziehen regelmäßig Sold allein für erwartetes Wohlverhalten.

Der eine oder andere Motorjournalist mag den ständigen Umgang mit Testwagen und das daraus abgeleitete Verfassen von Fahr- und Testberichten als seine hauptsächliche Beschäftigung und ureigene Aufgabe ansehen. Damit kann man zeitlich durchaus ausgelastet sein. Das Themenfeld, das es zu beackern gilt, ist jedoch sehr viel breiter. Davon Gebrauch zu machen, setzt allerdings wirtschaftspolitisches Interesse voraus.

Es wäre gut, wenn junger Leute Wunsch, Motorjournalist zu werden, nicht nur der Empfindung entspränge, leidenschaftlich gern Auto zu fahren und obendrein vielleicht sogar noch eine Liebesbeziehung zum Motorrad zu haben. Die Begeisterung für die wunderbare individuelle motorische Mobilität muss letztlich vor allem in engagiertem Schreiben zum Ausdruck kommen.

Interessenvertreter der Fahrzeugbesitzer

Einsatz zeigen und heftig widersprechen sollten Motorjournalisten immer dann, wenn der Mobilität von Kraftfahrzeugbesitzern wieder einmal eine neue Einschränkung oder eine zusätzliche finanzielle Belastung droht. Siehe Maut! Dass die geplante neue Einnahmequelle als „Infrastrukturabgabe" getarnt wird, ändert nichts am Sachverhalt. Kraftfahrzeugbesitzer sollen zusätzlich abkassiert werden. Die Abkassierer wissen eben genau, wie sehr Menschen ihre individuelle motorische Mobilität schätzen und dass sie sich diese Unabhängigkeit gegebenenfalls viel kosten lassen.

Man darf gespannt sein, ob und wie die fälligen Mautbeiträge in Deutschland mit der Kfz-Steuer verrechnet werden. Den Vorwand, das Geld werde zur dringenden Sanierung von Straßen und Brücken benötigt, kann man nicht gelten lassen. Würden die milliardenschweren Steuereinnahmen von Kraftfahrzeugbesitzern – es sollen nach Berechnungen des ADAC alljährlich rund 54 Milliarden Euro sein – nicht zu großen Teilen zum Stopfen von Löchern im Haushaltsplan der Bundesregierung benutzt, wäre ausreichend Geld zum Unterhalt von Straßen und Brücken da. Sie müssen ja nicht vergoldet werden.

Ab und zu sollte die Politik durch uns Journalisten daran erinnert werden, dass das von ihr gepriesene öffentliche Verkehrsnetz umgehend kollabierte, wollte auch nur die Hälfte der Fahrzeugbesitzer auf Bahnen und Busse umsteigen. Dass ein zusätzliches Heer von Umsteigern keine regelmäßigen Steuereinnahmen mehr bescherte, wie das der Finanzminister von Fahrzeugbesitzern gewöhnt ist, gerät ebenfalls leicht aus dem Blick.

Im Zweifel fürs Elektroauto?

Zu den namhaften motorsportlichen Veranstaltungen gehört die Rallye Monte Carlo. Eine ganz besondere Ausgabe dieses Highlights gab es im Frühjahr 2010 mit der ersten Rallye für alternative Antriebe. Sie vermittelte möglicherweise eine entscheidende Orientierung für die Weiterentwicklung des Automobils.

Unter den startenden Fahrzeugen waren neben Hybrid-Modellen auch rein elektrisch angetriebene Autos, per E-Motor und Akku. Besonders überzeugend warb für dieses Konzept ein Roadster des US-amerikanischen Unternehmens Tesla Motor Inc. Das Auto ließ alle gestarteten 96 Konkurrenten auf der Rallye-Gesamtstrecke über 1.000 Kilometer hinter sich. Auch in zwei zusätzlichen Kategorien, dem Effizienz-Cup und dem Elektroauto-Cup, hatte der Tesla-Roadster die Nase vorn.

Testwagen Opel Ampera an der Steckdose der heimatlichen Garage.

Foto: privat

Dass ein zweiter gestarteter Wagen des US-amerikanischen Unternehmens die 390 Kilometer lange Etappe von Annecy in Frankreich nach Monaco ohne Nachladen bewältigte, erregte zusätzlich Aufsehen. Nach dem Zieleinlauf wäre dieses Auto noch mindestens 60 Kilometer weit gekommen, hieß es. In der Stunde des Triumphes äußerte der Tesla-Pilot: „Bescheiden gesagt – ich fühlte mich, als hätten wir das Privileg, heute Zeugen der Geschichte zu sein". Das Geschehen erinnert an die erste Fernfahrt eines Automobils, die vor rund 125 Jahren von Bertha Benz unternommen wurde. Die Strecke führte über 105 Kilometer von Mannheim nach Pforzheim. Mit dem „Patent-Motorwagen" ihres Gatten Carl Benz war Frau Benz einfach losgefahren, ohne sich „abzumelden". Heute weiß man, dass mit der heimlichen historischen Fahrt der Siegeszug des Automobils mit Verbrennungsmotor begann. Ob der elektrische Antrieb überzeugend folgt? Eine spezielle „Rennformel E" gibt es immerhin schon.

Motorisiertsein – eine großartige Freiheit

Mittlerweile bin ich motorjournalistisch mehr als 50 Jahre aktiv. Ich saß hinterm Lenkrad unzähliger Autos, war oft und gern mit Zweirädern unterwegs, lernte deren Vorzüge und Nachteile kennen, sah nebenher einiges von der Welt, erlebte Beeindruckendes und nachdenklich Machendes. Auch manche Enttäuschung musste ich verarbeiten. Nach wie vor aber habe ich Freude an meinem Beruf.

Damit ich es nicht vergesse: Selbstverständlich haben Autos und Motorräder eine Seele. Darum reden wir manchmal mit ihnen, aus Freude, Dankbarkeit oder auch in traurigen Momenten. Sogar Kosenamen geben wir ihnen. Die liebevoll Getauften sind unsere verlässlichen Partner, gehören zur Familie. Sie schenken uns eine großartige Freiheit: persönliche Mobilität zu jeder Zeit.

Es ist eine dankbare und fesselnde Aufgabe, die individuelle Mobilität von Auto- und Motorradfahrern journalistisch zu begleiten, sie nicht zuletzt gegen den Wildwuchs grüner Radfahrer-Ideologie zu verteidigen. Gäbe es ein zweites Leben – ich würde vermutlich wieder Motorjournalist sein wollen.

Zeitfracht Medien GmbH
Ferdinand-Jühlke-Straße 7
99095 Erfurt, Deutschland
produktsicherheit@kolibri360.de